essentials liefern aktuelles Wissen in konzentrierter Form. Die Essenz dessen, worauf es als „State-of-the-Art" in der gegenwärtigen Fachdiskussion oder in der Praxis ankommt. *essentials* informieren schnell, unkompliziert und verständlich

- als Einführung in ein aktuelles Thema aus Ihrem Fachgebiet
- als Einstieg in ein für Sie noch unbekanntes Themenfeld
- als Einblick, um zum Thema mitreden zu können

Die Bücher in elektronischer und gedruckter Form bringen das Expertenwissen von Springer-Fachautoren kompakt zur Darstellung. Sie sind besonders für die Nutzung als eBook auf Tablet-PCs, eBook-Readern und Smartphones geeignet. *essentials:* Wissensbausteine aus den Wirtschafts, Sozial- und Geisteswissenschaften, aus Technik und Naturwissenschaften sowie aus Medizin, Psychologie und Gesundheitsberufen. Von renommierten Autoren aller Springer-Verlagsmarken.

Weitere Bände in der Reihe http://www.springer.com/series/13088

Katrin Keller · Ingo Proft · Franz Lorenz · Martin Müller

Wandel durch Partizipation

Personalentwicklung am Beispiel eines Tutorenprogramms

Katrin Keller
Berufsakademie für Gesundheits- und
Sozialwesen Saarland / Duale Hoch-
schule für Gesundheits- und Sozialwesen
Saarland (i.G.), BAGSS
Saarbrücken, Deutschland

Ingo Proft
Ethik-Institut, Interdisziplinäres Zentrum
für Gesundheitswissenschaften e.V.,
Philosophisch-Theologische Hochschule
Vallendar
Vallendar, Deutschland

Franz Lorenz
Berufsakademie für Gesundheits- und
Sozialwesen Saarland / Duale Hoch-
schule für Gesundheits- und Sozialwesen
Saarland (i.G.), BAGSS
Saarbrücken, Deutschland

Martin Müller
Kompetenzzentrum für
Personalentwicklung, Hildegard-Stiftung
Trier, Cusanus Trägergesellschaft Trier
Vallendar, Deutschland

ISSN 2197-6708   ISSN 2197-6716   (electronic)
essentials
ISBN 978-3-658-25495-7   ISBN 978-3-658-25496-4   (eBook)
https://doi.org/10.1007/978-3-658-25496-4

Die Deutsche Nationalbibliothek verzeichnet diese Publikation in der Deutschen Nationalbiblio-
grafie; detaillierte bibliografische Daten sind im Internet über http://dnb.d-nb.de abrufbar.

Springer Gabler

Springer Gabler ist ein Imprint der eingetragenen Gesellschaft Springer Fachmedien Wiesbaden
GmbH und ist ein Teil von Springer Nature
Die Anschrift der Gesellschaft ist: Abraham-Lincoln-Str. 46, 65189 Wiesbaden, Germany

Was Sie in diesem *essential* finden können

- Werteorientierte Führung, sinnstiftende Unternehmenskultur, Kompetenzentwicklung, Wissens- und Innovationsmanagement sowie Digitalisierung als aktuelle Themen, Chancen und Herausforderungen moderner Personalentwicklung
- Coaching, Mentoring und Supervision als klassische Personalentwicklungsinstrumente subjektorientierter Förderung
- Ursprünge und Funktionen von Tutoren und ihre gegenwärtige Bedeutung für Personalentwicklung
- Aufbau, Vorgehen und Verstetigung wissenschaftlich qualifizierter und zertifizierter Tutorenprogramme

Inhaltsverzeichnis

Über die Autoren

Prof. Dr. Katrin Keller leitet als Professorin für Personal- und Organisationsentwicklung den Studiengang Berufspädagogik im Gesundheitswesen an der Berufsakademie für Gesundheits- und Sozialwesen Saarland (BAGSS) / Dualen Hochschule für Gesundheits- und Sozialwesen Saarland (i.G.) und verantwortet u. a. ebenfalls am Interdisziplinären Zentrum für Gesundheitswissenschaften den bildungswissenschaftlichen Bereich.

Prof. Dr. habil. Ingo Proft ist Professor für Theologische Ethik, Gesellschaft und Sozialwesen an der Theologischen Fakultät der Philosophisch-Theologischen Hochschule Vallendar (PTHV) und Leiter des Ethik-Instituts.

Prof. Dr. Franz Lorenz ist Rektor der Berufsakademie für Gesundheits- und Sozialwesen Saarland (BAGSS) / Dualen Hochschule für Gesundheits- und Sozialwesen Saarland (i.G.) und Professor für Sozialwissenschaften und Führung.

Martin Florian Müller, M.A. ist wissenschaftliche Leitung des Kompetenzzentrums für Personalentwicklung der Hildegard-Stiftung Trier und Doktorand der Universität Koblenz-Landau sowie des Interdisziplinären Zentrums für Gesundheitswissenschaften.

Ausgangssituation

Organisationen prägen in unterschiedlicher Gestalt, beispielsweise als klassische Wirtschaftsunternehmen, Verwaltungen, Schulen, Forschungseinrichtungen, Kirchen oder Einrichtungen der medizinischen Versorgung, Alltag und Lebenswirklichkeit einer Gesellschaft. In Tradition soziologischer Gesellschaftsbeschreibungen, finden sich zahlreiche Vertreter, die in diesem Zusammenhang von einer Transformation moderner Gesellschaft hin zur Organisationsgesellschaft sprechen (vgl. Jäger & Schimank 2005). Die Vorstellung von Organisationen als Institution, das heißt als räumlich existierender und wahrnehmbarer Arbeitskontext, greift zu kurz. Vielmehr beschreiben Organisationen Sozialgebilde, die bestimmte Ziele verfolgen, über eine eigene Kultur verfügen, auf innere und äußere Einflüsse reagieren und sich entsprechend verändern (vgl. Göhlich et al. 2014, S. 96; Schreyögg & Geiger 2016, S. 10). Den größten Einfluss haben gesamtgesellschaftliche und technologische Entwicklungen wie Individualisierung, Globalisierung und Digitalisierung, die dazu beitragen, dass Organisationen in Konkurrenz um Ideen, Produkte und Befähigungen auf einem liberalisierten Weltmarkt agieren und Aufgaben sowie Anforderungen der jeweiligen Arbeitswelt schnelllebigen Veränderungen unterliegen (vgl. Becker 2013, S. 2 f.). Komplexität, Dynamik und Unsicherheit kennzeichnen somit die Rahmenbedingungen von Organisationen (vgl. Becker & Kirchner 2013), für die die Bereitschaft zur Veränderung, also zu einem innovativen, ethisch vertretbaren Wandel unerlässlich wird, um die eigene Wettbewerbs- und Überlebensfähigkeit langfristig zu sichern. Das heißt, die Handlungsfähigkeit einer Organisation hängt entscheidend von ihrer Wandlungsfähigkeit ab.

> Wandel gerät immer mehr zum zentralen Thema der Unternehmenssteuerung, und dementsprechend wichtig ist die Gestaltung von Wandelprozessen für den Unternehmenserfolg geworden (Steinmann & Schreyögg 2005, S. 493).

© Springer Fachmedien Wiesbaden GmbH, ein Teil von Springer Nature 2019
K. Keller et al., *Wandel durch Partizipation*, essentials,
https://doi.org/10.1007/978-3-658-25496-4_1

Damit sich Organisationen verändern beziehungsweise entwickeln können, müssen sie in der Lage sein, sich stetig verändernden Bedingungen anzupassen, aus Erfolgen und Misserfolgen entsprechende Konsequenzen zu ziehen, vergangene Fehlentscheidungen und zukünftige Bedrohungen frühzeitig zu identifizieren – kurzum Organisationen müssen in der Lage sein zu lernen. Hierbei spielt eine strategischen Personalentwicklung eine entscheidende Bedeutung. Senge (1990) konstatiert in diesem Zusammenhang:

> Organizations learn only through individuals who learn. Individual learning does not guarantee organizational learning. But without it no organizational learning occurs (Senge 1990, S. 139).

Personalentwicklung stellt eine notwendige Bedingung aber keine Garantie nachhaltig erfolgreicher Organisationsentwicklung dar. Vor allem, wenn Personalentwicklung auf die Durchführung vereinzelter, formalisierter Weiterbildungsmaßnahmen reduziert wird, greift das Konzept zu kurz. Traditionelle Weiterbildung kann der steigenden Geschwindigkeit der Wissensrevision kaum oder nur unter hoher Kostenaufwendung gerecht werden (vgl. Becker 2013, S. 335). Non-formale oder informelle Lernarrangements, sogenanntes ‚learning on the job‘, gerät zunehmend ins Zentrum des Interesses von Organisationen. Die Vorteile solcher Lernprozesse bestehen in ihrem hohen Praxisbezug und Lerntransfer, großer Flexibilität und geringer Kosten (vgl. Schiersmann 2007, S. 26). Es geht dabei nicht ausschließlich, wie vor einigen Jahren noch üblich, um die Vermittlung von Fachwissen, sondern um überfachliche Inhalte und verhaltensbezogene Themenstellungen (vgl. Arnold 2010, S. 172). Der Erwerb von sogenannten Schlüsselqualifikationen beziehungsweise -kompetenzen soll kompensatorisch einem raschen gesellschaftlichen sowie wirtschaftlichen Strukturwandel, einem Mangel an qualifizierten Fachkräften oder ihrer Abwanderung entgegenwirken und vorbeugen (vgl. Mertens 1974, S. 36–40; Wittwer 2010, S. 39). Solche fachübergreifenden Kompetenzen können nur in Auseinandersetzung mit konkreten, berufsspezifischen Inhalten in komplexen Situationen erworben werden (vgl. Schiersmann 2007, S. 49 f.).

Personalentwicklung stellt eine kontinuierliche Aufgabe dar, die nur erfolgreich zu bewältigen ist, wenn Veränderungen und Weiterbildungsmaßnahmen nicht von wenigen Personen, meist Führungskräften, durchgeführt werden, die in der Regel in großer Distanz zum täglichen Handlungsgeschehen stehen, sondern von denjenigen getragen werden, die mit den Konsequenzen leben müssen. Aktive Partizipation von Mitarbeitenden stellt daher eine voraussetzungsvolle Bedingung nachhaltiger Personal- und Organisationsentwicklung dar. Mithilfe gut ausgebildeter Tutoren scheint eine Überwindung von singulären Personalentwicklungs- und Weiterbildungsmaßnahmen, von denen in der Regel nur wenige profitieren, möglich. Mitarbeitende erhalten die Möglichkeit im Berufsalltag von erfahrenen Kolleginnen und Kollegen zu lernen, Erfahrungen auszutauschen kulturspezifische Eigenheiten einer Organisation zu erkennen und zu reflektieren. Damit trägt ein Tutorenprogramm nicht nur zum aktiv gelebten Wissensmanagement, sondern auch zur Integration neuer Mitarbeitender bei. Bisher werden Tutoren vorrangig im Hochschulwesen eingesetzt. Ihr Einsatz ist zeitlich meist auf die Eingangsphase in Organisationen beschränkt, mit dem Ziel neue Mitarbeitende schnellstmöglich in einen vorherrschenden Organisationsalltag einzuführen und im System zu sozialisieren. Eine Fokussierung auf die Integrationsleistung von Tutorenprogrammen leistet einer einseitigen und defizitären Betrachtung Vorschub. Bestehende Mängel (mangelndes Wissen, Erfahrung, Sozialvermögen) sollen durch den Einsatz von Tutoren, die dann ‚Lehrmeistern' gleichen, schnellstmöglich behoben werden. Hinzu kommt, dass sich bei den meisten Tutoren oftmals um langjährige Mitarbeitende oder Studierende in höheren Semestern handelt, die auf ihre Aufgabe nur unzureichend vorbereitet werden, weshalb Tutorenprogramme häufig hinter ihren Möglichkeiten zurückbleiben. Neben der Vermittlung erforderlicher Handlungskompetenzen gilt es bei der Vorbereitung von Tutoren insbesondere darauf zu achten, Identifikationsmöglichkeiten mit der neuen Rolle zu schaffen und einen kontinuierlichen Austausch/Betreuung sicherzustellen. Erst durch Vernetzung und Austausch entfalten Tutoren eine Scharnierfunktion zwischen Mitarbeitenden und Management, die wichtig für eine gemeinsame Zielverfolgung ist. Durch eine subjektorientierte Förderung und ein gemeinsames Lernen auf Augenhöhe wird eine nachhaltige und ethisch wertvolle Personalentwicklung in einer Organisation erlebbar, die dadurch wandlungs- und handlungsfähig bleibt. Welche konkreten Zielsetzungen und Implikationen sich für die Gestaltung eines Tutorenprogramms daraus ableiten und welche Bedeutung dies für eine moderne Personalentwicklung hat, sollen die folgenden Gedanken und Ausführungen aufzeigen. Die Formulierung abschließender Handlungsempfehlungen soll es Akteuren im Personal- und Organisationsbereich ermöglichen, Potenziale von Tutorenprogrammen im Bereich von Personalentwicklung zukünftig besser zu entfalten.

Aktuelle Chancen und Herausforderungen im Bereich der Personalentwicklung

2

Als aktuelle Chancen und Herausforderungen im Bereich der Personalentwicklung, unter Berücksichtigung bekannter Erscheinungen wie des demografischen Wandels, und der zunehmenden Digitalisierung lassen sich vier Bereiche an dieser Stelle besonders erwähnen: Vernetzung, Führung, Wissensmanagement und Unternehmenskultur. Diese Themen werden nachfolgend vertiefend betrachtet, um anschließend auf den sinnvollen Einsatz von Tutoren in der Personalentwicklung einzugehen. Dabei stehen immer wieder die Generation der ‚Silver Society und die Generation Y' im Fokus.

2.1 Digitalisierung und Vernetzung

Neben Individualisierung und Globalisierung, trägt die digitale Durchdringung in alltagsweltliche, wirtschaftliche, politische und wissenschaftliche Diskurse zu einer Neudefinition der Organisations- und Arbeitswelt bei. Im Zuge solcher sozioökonomischen Wandlungsprozesse erregen Gesellschafts- und Arbeitsweltbeschreibungen wie ‚Arbeiten 4.0'[1], ‚Industrie 4.0' oder ‚New Work' einige Aufmerksamkeit (vgl. BMAS 2017). Kennzeichen dieser neuen Arbeitswelt sind Dezentralisierung, Fluidität, Flexibilisierung und damit verbunden eine Entgrenzung von Organisationen (vgl. Bruch & Berenbold 2017, S. 9). Neue Technologien, insbesondere Internet und Massenkommunikationsmedien, ermöglichen

---

[1]Die Bezeichnung 4.0 leitet sich aus den Entwicklungsstufen gegenwärtiger moderner Industriegesellschaften ab, die nach Elektrifizierung (Stufe 1), Massenfertigung (Stufe 2), Softautomaten (Stufe 3) mit Big Data in die vierte Entwicklungsstufe eingetreten sind (vgl. Becker 2016).

© Springer Fachmedien Wiesbaden GmbH, ein Teil von Springer Nature 2019
K. Keller et al., *Wandel durch Partizipation*, essentials,
https://doi.org/10.1007/978-3-658-25496-4_2

unmittelbare globale Kommunikation. Informationen werden nicht länger ausschließlich von Mensch zu Mensch übertragen, sondern von und zwischen Maschinen, die Aggregatzustände von Personen, Beziehungen, Geräten sowie Umgebungen erfassen und speichern können und in der Lage sind, sich untereinander zu verbinden und sich selbstreferenziell zu organisieren (vgl. Becker 2016). Die Dynamik an technischer Innovation bleibt sowohl für organisationale Arbeitsbedingungen und -strukturen als auch individuelle Qualifikations- und Kompetenzanforderungen nicht folgenlos. Strittig hingegen sind Ausmaß und Gestalt solcher Folgen. So weisen die amerikanischen Ökonomen Frey und Osborne (2013) auf die Gefahr technologischer Arbeitslosigkeit hin, die sich zwangsläufig aus der zunehmenden Automatisierung bestimmter, vor allem einfacher, standardisierbarer Aufgaben, ergebe. Sie prognostizieren für den amerikanischen Arbeitsmarkt, dass die Hälfte gegenwärtiger Erwerbstätigkeiten/ Berufe zukünftig nicht mehr durch menschliche Tätigkeit und Arbeit verrichtet wird, sondern von Maschinen, Robotern und Technologien (vgl. Krabel 2016, S. 100). Einer breiten Dequalifizierung und drohenden Arbeitslosigkeit auf niedriger aber auch mittlerer Qualifikationsebene halten Experten aus Wirtschaft und Wissenschaft mehrheitlich jedoch dagegen, dass Arbeitsprozesse durch digitale Technologien anspruchsvoller und komplexer werden und nach wie vor der menschlichen Einflussnahme bedürfen (vgl. Umbach, Böving & Haberzeth 2018, S. 16), sodass technologischer Wandel nicht zur Vernichtung aber zu einer Verschiebung von Arbeitsinhalten und Arbeitsverhältnissen führe (vgl. Krabel 2016, S. 101). Unabhängig davon, welche zeitdiagnostischen Prognosen die tatsächlichen Auswirkungen von Digitalisierung näher beschreiben mögen, es scheint unstrittig, dass Personalentwicklung vor neuen Herausforderungen steht und sich neu erfinden muss, um diesen adäquat begegnen zu können. Gerade angesichts aufkommender Verunsicherung und Ängste müssen Personalentwickler zunehmend eine beratende und gestaltende Rolle in einer vernetzten Arbeitswelt einnehmen, in der es nicht länger darum geht, Defizite zu reduzieren und ‚Bedürftige' zu fördern. Vielmehr gewinnt die Gestaltung von Beziehungen an herausragender Bedeutung (vgl. Weilbacher 2017). Entwicklungsdynamiken, Informationsfluten und Unbeständigkeit von Wissen fordern von Organisationen schnelle und innovative Lösungen für Probleme zu finden, denen starre Strukturen und Hierarchien im Weg stehen. Für die Gestaltung von Beziehungen in einer Arbeitswelt 4.0 gilt es daher Hierarchien abzubauen, Selbstorganisation und Verantwortung von Mitarbeitenden zu stärken und mobile Zusammenarbeit in selbstbestimmten Teams zu ermöglichen. Partizipation wird eine entscheidende Voraussetzung werden, ob und inwieweit Organisationen Veränderungsdynamiken im Zuge von Digitalisierung meistern können. Dazu wird es erforderlich sein, Mitarbeitende frühzeitig in die Strategieausrichtung und -verfolgung einer Organisation einzubinden.

Mobile Geräte und ein nahezu überall verfügbarer Internetzugang ermöglichen feste Arbeitsorte und -zeiten zu flexibilisieren und starre Arbeitsmodelle und Beschäftigungsformen zu überwinden, um damit vor allem dem Wunsch junger Generationen, Freiheit und Unabhängigkeit im Berufsleben zu erhalten, Rechnung zu tragen. Statt der klassischen Work-Life-Balance gerät das sogenannte Work-Life-Blending in den Fokus, das heißt statt einer strikten Trennung von Lebens- und Arbeitszeit, geht es um deren wechselseitige Integration. An die Stelle klassischen HR-Managements tritt daher verstärkt ein „Human Collaboration Management" (Weilbacher 2017). Moderne Personalentwickler verstehen sich nicht mehr als Förderer einzelner Personen(-kreise), sondern als Gestalter und Begleiter von interprofessionellen und intergenerativen ‚Communities of Practice‘[2]. Bei Communities handelt es sich um informelle Gruppen, die sich jenseits der formalen Organisationsstruktur bilden und verwalten. Im Zuge gemeinsamer Arbeitspraxis entwickelt sich in einer Community ein gemeinsames Hintergrundwissen bei den Beteiligten, was wiederum Lernprozesse und den Austausch von Wissen zwischen ihnen unterstützt (vgl. Dörhöfer 2010, S. 72). Der freiwillige und selbstorganisierte Wissensaufbau und Wissensaustausch zwischen den Mitgliedern einer Community, die sich hinsichtlich vorhandener Kenntnisse, Kompetenzen und Einstellungen in der Regel unterscheiden, resultiert aus einem gemeinsamen Interesse, welches über längeren Zeitraum besteht und innerhalb der Gemeinschaft eine Kultur der Wissensteilung, kollektiven Wissensgenerierung und Problemlösung entstehen lässt (vgl. Reinmann 2009, S. 81). Rekurrierend auf Reinmann (2009) sowie Winkler und Mandl (2003) fasst Heitmann (2013) die Charakteristika von Communities mithilfe von vier Gestaltungsdimensionen zusammen:

- Zielsetzung (geteiltes Interesse oder Anliegen einer Community)
- Mikro-Kultur (Identität der Gemeinschaft in Form gemeinsam geteilter Werte, Einstellungen, Verhaltens- und Kommunikationsregeln)

---

[2]Das Konzept der Communities of Practice (CoP) geht auf Lave und Wenger (1991) zurück, die die Ansicht vertreten, dass Lernprozesse auf situativer Aushandlung in sozialen Kontexten beruht und demzufolge sozial verankert sind. Communities of Practice zeichnen sich durch drei Dimensionen aus, die sich wechselseitig bedingen und lediglich auf analytischer Ebene trennbar sind: wechselseitiges Engagement, ein gemeinsames Vorhaben und ein geteiltes Repertoire. „A Community of Practice defines itself along three dimensions: its joint enterprises as understood and continually renegotiated by its members, the relationships of mutual engagement that bind members together into a social entity, the shared repertoire of communal resources (routines, sensibilities, artefacts, vocabulary, styles, etc.) that members have developed over time" (Wenger 1998, S. 2).

- Interaktion (Interaktion und Kommunikation in sowie Struktur von Gemein-
  schaften)
- Mitgliedschaft (Teilnahme an und Rolle in der Gemeinschaft) (vgl. Heitmann
  2013, S. 253 f.).

Zwar besteht die Möglichkeit, dass sich formalisierte Arbeitsstrukturen, wie
Teams, Gruppen oder Abteilungen, zu Communities entwickeln, „doch wahr-
scheinlicher ist es, dass sich die Formalisierung von Arbeitsprozessen kontra-
produktiv gegenüber der organisationalen Wissensstruktur auswirkt" (Dörhöfer
2010, S. 76). Angesichts der Vielzahl an Wissensprozessen und -strukturen, die
in einer Organisation bestehen, bilden sich häufig mehrere Communities, die
teilweise über identische oder ähnliche Wissensbestände, größtenteils aber über
spezialisiertes und fragmentiertes Wissen verfügen (vgl. Hislop 2005, S. 74).
Personalentwicklung und Personalmanagement stehen vor der Herausforderung
diese dezentralisierten, selbst organisierenden Communities zu fördern und zu
unterstützen, ohne dabei deren Autonomie einzuschränken und zeitgleich deren
Bereitschaft und Fähigkeit Wissen untereinander zu teilen beziehungsweise
weiterzugeben zu stärken. Dadurch werden Organisationen zu einer Art Community of Communities (vgl. Dörhöfer 2010, S. 76).

Weilbacher (2017) definiert zehn Thesen über die Rolle von Personalentwicklung und Personalmanagement in einer vernetzten und digitalisierten
Arbeitswelt 4.0, die einen guten Überblick und Anregungspotenzial für eine
zukünftige Diskussion in Wissenschaft und Praxis geben.

1. Personalmanager müssen Kulturgestalter und Vernetzer sein
2. Personalmanager müssen sich auch als Organisationsentwickler verstehen
3. Personalmanager sollen Lust haben, Probleme zu lösen und das Business zu
   verstehen
4. Personalmanager sind experimentierfreudig und beziehen die Fachbereiche
   bei der Produktgestaltung mit ein
5. Personalmanager geben manche HR-Aufgaben an die Fachbereiche ab – und
   suchen sich neue Aufgaben
6. Personalmanager sind Lernbegleiter
7. Personalmanager müssen eine Affinität zu neuen Technologien haben
8. Personalmanager beraten auf Augenhöhe und begleiten das selbstverantwort-
   liche Arbeiten
9. Personalmanager müssen Kommunikationsexperten werden
10. Personalmanager setzen sich für gesundes Arbeiten ein (Weilbacher 2017,
    S. 225–229).

Personalentwicklung lässt sich in einer Arbeitswelt 4.0 nicht länger auf die Förderung und Vermittlung fachlicher und überfachlicher Kompetenzen reduzieren, wenngleich Kompetenzmanagement neben Wissensmanagement nach wie vor einen erheblichen Beitrag zum Erfolg einer Organisation leistet, sondern hat zu einer wertschätzenden und sinnstiftenden Lern- und Arbeitskultur beizutragen.

2.2 Sinngebende und werteorientierte Führung

Wie im vorherigen Abschnitt beschrieben, trägt Digitalisierung dazu bei, dass Organisationen und Mitarbeitende immer vernetzter, selbstorganisierter und dynamischer agieren, wodurch informelle, dezentrale Führungsstrukturen an Bedeutung gewinnen (vgl. Bruch & Berenbold 2017, S. 5). Aber nicht nur externe Umweltanforderungen haben sich grundlegend verändert, sondern auch Ansprüche und Bedürfnisse von Mitarbeitenden. Arbeit dient nicht mehr ausschließlich der Existenzsicherung, vielmehr muss sie Sinn vermitteln und Menschen eine Chance bieten, sich durch eigenverantwortliches Handeln, Anerkennung und Wertschätzung selbst zu verwirklichen (vgl. Rodenstock 2015, S. 8). Organisationen bleiben am Markt nur überlebensfähig, wenn es Führungskräften gelingt, Mitarbeitende durch geeignete Maßnahmen für kreatives und innovatives Denken und Handeln zu motivieren, ein Gemeinschaftsgefühl unter der Belegschaft aufzubauen und diese über einen erkennbaren Sinn dauerhaft ans Unternehmen zu binden (vgl. Frey 2015, S. 14). Mitarbeitende, die keinen Sinn in ihrer Arbeit sehen und sich von ihren Führungskräften unverstanden fühlen, sprechen oftmals eine innerliche Kündigung aus und verrichten ‚Dienst nach Vorschrift', das heißt Arbeitszeiten werden penibel eingehalten, Krankheitsmeldungen häufen sich und Eigeninitiative bleibt aus. Ist dieser Punkt erreicht, gelingt es einer Organisationsleitung meist kaum mehr entsprechenden Mitarbeiter wieder für seine Arbeit zu begeistern und zurückzugewinnen. Voraussetzung einer sinnorientierten Führung ist eine gemeinsame Zielsetzung und ein erstrebenswertes Zukunftsbild, dass in einem partizipativen Prozess erarbeitet und stetig ausgehandelt wird (vgl. Bruch/Berenbold 2017, S. 6). Sinnorientierte Führung verlangt nicht, dass Führungskräfte keine Fehler machen dürfen, sondern appelliert an die Menschlichkeit unternehmerischen Handelns. Neben Bedarf und Bedürfnis von Mitarbeitenden Sinn in der eigenen Arbeit zu erkennen, führt Digitalisierung auch zu einer neuen Form an Transparenz von Organisationen. Über sogenannte Social-Media-Kanäle sind Organisationen in der Lage eigene Botschaften ungefiltert, schnell und unmittelbar an große Zielgruppen weiterzugeben und dabei herkömmliche Medien und Barrieren zu umgehen (vgl. Frohwein et al. 2017, S. 41). Zugleich ermöglicht die Nutzung von Social Media einer Gesellschaft oder einzelnen Gruppen zu überprüfen, inwieweit Außendarstellung einer Organisation mit tatsächlichem Handeln übereinstimmen, sodass Kritik zeitnah und direkt adressiert werden kann. Kurzum eine Nutzung von digitalen Massenkommunikationsmedien kann eine marketingwirksame Bedeutung entfalten, zugleich verlagert sie Organisationen aber zunehmend in eine Öffentlichkeit, in der Akteure bestimmte Erwartungen formulieren und dazu drängen können, diese aufzunehmen und umzusetzen (vgl. ebd.). Entsprechen Unternehmen diesen Forderungen nicht, droht ihnen ein Legitimitätsentzug seitens der Öffentlichkeit, was in der Regel zu hohen wirtschaftlichen Schäden führt und ihre Überlebensfähigkeit gefährdet. Unternehmenskommunikation wird in diesem Kontext zu einem unabdingbaren Instrument, um nach außen zu signalisieren oder den Schein zu wahren, dass man die Erwartungen erfüllen wird und sich somit eine „Legitimitätsfassade" aufbaut (vgl. Sandhu 2012, S. 76). Es kommt dann zu Widersprüchen zwischen einem erstrebenswerten, öffentlich vertretenen Soll-Zustand und einem tatsächlichen Ist-Zustand. Stehen diese Zustände unvereinbar gegenüber, gerät der Fokus sowohl von außen als auch innerhalb einer Organisation immer mehr auf diese Widersprüchlichkeit und es entsteht der Wunsch nach Aufklärung (vgl. Frohwein et al. 2017, S. 42). Um eine solche Dissonanz zu beseitigen, bedarf es einer systematischen Reorganisation mit dem Ziel die eigene Authentizität und Glaubwürdigkeit wiederherzustellen. Dazu ist es erforderlich sich zunächst darüber klar zu werden, welche Erwartungen von verschiedenen Akteuren an eine Organisation herangetragen werden, um anschließend zu definieren, wie man diesen gerecht werden kann (vgl. Frohwein et al. 2017, S. 43). Die dazu notwendigen Voraussetzungen müssen in Führung, Strukturen und Prozessen geschaffen und das Vertrauen der Mitarbeitenden zurückgewonnen werden. Authentische Führung bildet nicht nur das Fundament von Glaubwürdigkeit und Reputation eines Unternehmens, sondern sorgt für ein gesteigertes Commitment der Belegschaft und verbessert somit die Leistung(-sbereitschaft) der gesamten Organisation (vgl. Frohwein et al. 2017, S. 47). Neben Sinn und Authentizität bilden Werte einen tragenden Grundpfeiler moderner, zukunftsorientierter und wettbewerbsfähiger Unternehmen. Führungskräfte sollen sich nicht länger als Visionäre und Entscheidungsträger verstehen, sondern als soziale Architekten „Grundwerte formulieren, an denen sich das Unternehmen orientiert" (Hamel 2009, S. 89). Werteorientierte Führung beschreibt die intentionale Auswahl, Steuerung und Kontrolle bestimmter Werte (vgl. Daxner et al. 2005, S. 11 ff.), die einen messbaren, positiven Effekt auf materielle und immaterielle Aspekte eines Unternehmens haben (vgl. Stadler 2009, S. 54 f.). Die Auswahl und Implementierung solcher Werte erfordert eine ausgeprägte Führungsqualität und setzt

Abb. 2.1 Dimensionen werteorientierter Führung. (Quelle: Eigene Darstellung 2018, in Anlehnung an Frey 2015)

einen breiten Konsens hinsichtlich der gewählten Unternehmenswerte voraus, da sonst die Beziehung zwischen Führungsspitze und Mitarbeitenden leidet. Werteorientierte Führungskräfte müssen sowohl die Rolle eines Zielvermittlers und -vereinbarers als auch die Rolle eines freundschaftlichen Begleiters, im Sinne eines Coaches, der sich um individuelle Stärken und Schwächen von Mitarbeitern kümmert und sie auf ihrem Weg begleitet, einnehmen können (vgl. Frey 2015, S. 17). Dazu müssen Führungskräfte in der Lage sein, die mitunter heterogenen und einander widersprechenden Bedürfnisse, Interessen und Erwartungen von sämtlichen, relevanten Zielgruppen zu berücksichtigen. Personalentwicklung hat diese Anforderungen an Führungskräfte aufzugreifen und neben den erforderlichen Fachkompetenzen eine Kultur der Menschenwürde, Exzellenz und Ethikorientierung zu vermitteln (Abb. 2.1).

2.3 Wissensmanagement und Kompetenzentwicklung

Wissen zielorientiert zu gestalten beziehungsweise zu managen ist für Organisationen heute mehr denn je von herausragender Bedeutung (vgl. Reinmann & Mandl 2011), da es zu ihrer Wettbewerbsfähigkeit beiträgt (vgl. Glatz & Graf-Götz 2011, S. 262). Die Bedeutung von Wissensmanagement lässt sich vor ihrem gesellschaftlichen Hintergrund und einem vollzogenen Transformationsprozess oder ‚Paradigmenwechsel in Gesellschaft und Wirtschaft' hin zur sogenannten ‚Wissensgesellschaft' erklären (vgl. Reinmann & Mandl 2011; Perich 1993). „Wissensmanagement ist untrennbar mit der Wissensgesellschaft verbunden, weil es eine Antwort auf die Erfordernisse derselben ist" (Heitmann 2013, S. 189).

Eine nachhaltig erfolgreiche und ethisch vertretbare Personalentwicklung kann nur vor dem Hintergrund einer Wissensgesellschaft gedacht werden, daher scheint ein Exkurs hierzu sinnvoll.

2.3.1 Wissensgesellschaft – Exkurs

Mit dem Übergang in eine post-industrielle Gesellschaft hat bereits in den 1960er und 1970er Jahren Wissen, neben den ursprünglichen Produktionsfaktoren einer Industriegesellschaft, einen Bedeutungszuwachs erfahren (vgl. Heitmann 2013, S. 189). Die Theorie der post-industriellen Gesellschaft darf dabei aber nicht mit der Theorie der Wissensgesellschaft gleichgesetzt werden, da letztere die wachsende Stellung von Wissenschaft und Technik zwar anerkennt, aber nicht einer unbeschränkten ‚Wissenschaftsgläubigkeit‘ verfällt (vgl. Stehr 1998, S. 17). Durch den Strukturwandel, insbesondere westlicher Industrienationen, im Zuge von Globalisierung, weltweiter Vernetzung und Digitalisierung avancierte Wissen zum primären Produktionsfaktor (vgl. Willke 2001, S. 1–6). Heute hingegen können wir die Wissensgesellschaft nicht mehr umstandslos mit einer Produktions-, Dienstleistungs-, Wissenschafts- oder Informationsgesellschaft gleichsetzen. Der Begriff einer Dienstleistungsgesellschaft verliert an Bedeutung, wenn 70–80 % der Erwerbstätigen unterschiedliche Dienstleistungstätigkeiten ausüben.

Notwendig ist daher ein neuer Begriff der Wissensgesellschaft. Ein guter Ausgangspunkt hierfür ist die Frage, was eigentlich Wissen ist. Wissen ist weder eine objektive Aussage über die Welt noch ist es eine Abbildung der Welt. Es ist zunächst eine Differenzierung von objektivem und einem subjektiven Wissensbegriff vorzunehmen. Dies ist eindrucksvoll im amerikanischen ‚Pragmatismus‘ (vgl. James 1977; Dewey 1960) und im Anschluss daran Niklas Luhmann (1994) gelungen. Luhmann versteht unter Wissen veränderungsbereite kognitive Schemata, die den Umweltbezug sozialer und psychischer Systeme regeln. Sie werden im Unterschied zu normativen Erwartungen aufgrund von Erfahrungen überprüft und korrigiert. Der Pragmatismus geht davon aus, dass unser Wissen sich nicht die Welt widerspiegelt, sondern die Angemessenheit einer Vorstellung aufgrund ihrer Bewährung in der Praxis beurteilt wird (James 1977; Dewey 1960) – auch wenn solche praktischen Wirkungen selbstverständlich nicht objektiv gegeben sind, sondern in der Wechselwirkung zwischen wahrnehmenden und handelnden Personen einerseits und der ‚Welt‘ andererseits konstituiert werden. Eine solche, sozial konstruierte „Realitätsgewissheit" (Luhmann 1994, S. 166) ist Voraussetzung für jegliches Denken und Handeln. In diesem Sinne kann Wissen gleichgesetzt werden mit der „Fähigkeit zum sozialen Handeln (Handlungsvermögen)" (Stehr 1994, S. 208).

In diesem Verständnis verfügt die heutige Gesellschaft nicht über mehr Wissen als vergangene Gesellschaften. Wenn Wissen hingegen in Anlehnung an Luhmann als enttäuschungs- und veränderungsbereiter Umgang mit eigenen Vorstellungen und Erwartungen definiert wird, dann geht es in einer Wissensgesellschaft um die geringere Bedeutung von eingelebten Selbstverständlichkeiten, Bräuchen, Traditionen und Normen. Kennzeichnend für eine Wissensgesellschaft ist die Bereitschaft, tradierte und eingelebte Anschauungen und Erwartungen auf den Prüfstein zu stellen. Die These der Wissensgesellschaft betont, dass in der heutigen Gesellschaft Erwartungen immer häufiger als Wissen behandelt werden, d. h. als lernbereite, prinzipiell veränderbare Erwartungen. Die Regeln und Selbstverständlichkeiten unserer Gesellschaft werden immer häufiger infrage gestellt – und dies dokumentiert sich in der beschleunigten Erosion bisheriger Regulationsstrukturen. Technologische Neuerungen, die auch wirtschaftlich genutzt werden können, sind damit nur eine – wenn auch zentrale – Dimension der Wissensgesellschaft.

Eine Wissensgesellschaft lässt sich nicht durch die Immaterialität ihrer Produktion definieren (Stehr 2000, S. 63). Zwar nimmt die Bedeutung von Tätigkeiten ab, die direkt mit der Gewinnung von Rohstoffen, mit ihrer Verarbeitung und damit mit der Herstellung materieller Produkte befasst sind. Entscheidend für die Wissensgesellschaft ist jedoch die Bereitschaft zur Infragestellung etablierter Regeln und Normen. In gewissem Ausmaß ist eine solche Bereitschaft in jeder Gesellschaft vorhanden. Aber erst der modernen, ausdifferenzierten Gesellschaft gelang es, gesellschaftliche Veränderungsdynamiken durch die Herausbildung und Verselbstständigung veränderungsbereiter gesellschaftlicher Teilsysteme (vor allem Wissenschaft, Wirtschaft und Technik) auf Dauer zu stellen.

Vor dem Hintergrund eines systemtheoretisch inspirierten Wissensbegriffs stellt sich die Frage nach den Besonderheiten der heutigen Wissensgesellschaft, der man sich in der systemtheoretischen Tradition über die Paradoxien einer wissensbasierten Gesellschaft annähert. Stehr (2000) nimmt die Zerbrechlichkeit moderner Wissensgesellschaften in den Blick. Er sieht die Nebenfolge technische und wissenschaftliche Entwicklungen in neuen Unsicherheiten.

> Technische Entwicklungen tragen zum Beispiel dazu bei, daß die Finanz- oder Wirtschaftsmärkte fragiler werden und dass der Zwang […] zu Flexibilität erheblich wächst […] Das Wachstum des wissenschaftlichen Wissens und seine zunehmende gesellschaftliche Verbreitung produziert auch größere Unsicherheit, Zerbrechlichkeit und Kontingenz (Stehr 1996).

Krohn (1997) sieht dies in Anlehnung an Beck als Ergebnis der Entgrenzung der Prinzipien wissenschaftlichen Handelns. Er geht davon aus, dass Wissen auch immer Nichtwissen hervorbringt. Wissenschaft transformiert Ignoranz (als Nichtwissen des

Nichtwissens) in Ungewissheit und Unsicherheit. Dies bezeichnet er in Anlehnung an Ludwik Fleck als Flecksches Gesetz.

> Die Entdeckung neuer Unbestimmtheiten ist im Mittel immer größer als die Konstruktion von abgesicherten, bestätigten Wissensbeständen. Nach diesem Gesetz bezeichnet der Begriff Wissensgesellschaft eine Gesellschaft, die in ständig wachsendem Maß über den Umfang und die Ebenen ihres Nichtwissens lernt [...] Nichtwissen steht nicht am Anfang einer technologischen Erprobung, sondern wird im Verlauf der Implementation erarbeitet. Die Auflösung des Nichtwissens in bearbeitbare Probleme und machbare Lösungen ist verbunden mit der Erzeugung neuen Nichtwissen (Krohn 1997, S. 69, 84).

Wissenschaft und Technik führen über wechselseitige Steigerung von Wissen und Nichtwissen in Prozesse gesellschaftlicher Innovation hinein. Die Wissensgesellschaft ist eine Gesellschaft, die sich immer stärker auf die Wahrnehmung und den Umgang des Nichtwissens konzentriert – das mit wachsendem Wissen zunimmt – und die ihre Existenz auf solche experimentellen Praktiken gründet, die unvorhersagbar in ihrem Ausgang und unbekannt in ihren Nebenfolgen sind und daher ständiger Beobachtung, Auswertung und Justierung bedürfen. Die Wissensgesellschaft ist eine Gesellschaft der „Selbst-Experimentation" (Krohn 1997, S. 70). Diese experimentelle Praxis ist ein systematischer Versuch mit Ungewissheiten kollektiv umzugehen und aus Erfahrungen zu lernen.

Wissensgesellschaft hat somit zwei Seiten: Zum einen ermöglicht die Entfaltung wissenschaftlich-technischer Möglichkeiten enorme Produktivitätssteigerungen, zum anderen aber können die Folgen von fragwürdigen Theorien und fehlerhaften Technologien nicht mehr auf die entsprechenden Subsysteme beschränkt werden. Die ganze Gesellschaft hat die Konsequenzen falscher Annahmen und fehlgeschlagener Experimente zu tragen. Hier ist Krohn in der Konsequenz dicht bei Becks ‚Risikogesellschaft' und seiner These das die Nebenfolgen von Handlungen kollektiv getragen werden (vgl. Beck 1986). Die Wissensgesellschaft ist daher nicht durch eine ständige Erweiterung des Wissens auf Kosten des Nichtwissens gekennzeichnet, sondern durch ein praktisches, experimentelles Vorgehen, in dem nicht nur mehr Wissen, sondern auch mehr Nichtwissen und die entsprechenden Unsicherheiten und Ungewissheiten produziert werden. Praktisch bedeutet dies, dass die Regeln und Selbstverständlichkeiten der Gesellschaft häufiger infrage gestellt werden; eine Wissensgesellschaft ist durch die beschleunigte Erosion bisheriger Regulationsstrukturen und durch die Entwicklung neuer Regeln gekennzeichnet. Ein zentraler Indikator für eine stärkere Wissensbasierung ist die beschleunigte Oszillation zwischen Deregulierung und Neuregulierung. Dies hat zentrale Auswirkungen in den gesellschaftspolitischen Raum und fundamentale Auswirkungen auf Organisationen und betriebliche Kontexte bzw. Vorstellungen von Beruf und Arbeit. Auswirkungen der Wissensgesellschaft äußern sich darin, dass durch Aneignung, Kommunikation und Weitergabe von Wissen sogenannte intelligente Organisationen entstehen, die dadurch gekennzeichnet sind,

> dass ihre gesamte Operationsweise an jedem Punkt auf Expertise, auf erfahrungsbasiertem Wissen beruht und dass in ihr deutlich wird, dass dieses Wissen relevanter ist als Rohstoffe oder Materialien oder die Organisation der Prozesse (Heitmann 2013, S. 192).

Mithilfe von Wissensmanagement soll Wissen daher in alle Handlungsabläufe einbezogen werden und Organisationen ermöglichen, vorhandenes Wissen zu erfassen, zu koordinieren, zu kommunizieren und an den ‚richtigen' Stellen anzuwenden (vgl. Willke 2001; Büchel & Probst 2000). Obwohl Organisationen in der Regel über notwendige Wissensbestände und Einstellungen verfügen, mit denen sie in der Lage wären komplexe Aufgaben und Herausforderungen zu lösen, haben sie Probleme im Umgang mit und Erkennen von Wissen (vgl. Heitmann 2013, S. 200) und bilden unbewusst wirksame Barrieren gegen Veränderungen und Innovationen aus (vgl. Glatz & Graf-Götz 2011, S. 260). In Anlehnung an Roehl (2002) fasst Heitmann (2013) klassische Herausforderungen von Wissensmanagement in Organisationen zusammen, wonach

- Fremdes Wissen ohne inhaltliche Prüfung und unabhängig von der Qualität abgelehnt oder angenommen wird,
- Doppelspurigkeiten zu Ressourcenverschwendung führen, weil entweder keine Kenntnis über die Parallelaktivitäten herrscht oder man keine Kenntnis darüber erlangen möchte,
- große Wissenslücken durch das Ausscheiden von Experten entstehen,
- Erfahrungen nicht kommuniziert werden und Wissen nicht mitgeteilt wird, insbesondere kritische Perspektiven werden nicht thematisiert,
- Mit handlungsrelevantem Wissen strategisch, taktierend und politisierend umgegangen wird, um die eigene Position zu sichern und zu stärken,
- Individuelle Wissenspotenziale unentdeckt bleiben und Potenzialträger nicht systematisch gefördert und weiterentwickelt, sondern eher unterfordert werden,
- Ältere, erfahrene Kollegen Berufseinsteiger gegen die Wand laufen lassen, damit sie ‚eigene Erfahrungen' machen,
- Wissen hierarchiespezifisch kommuniziert und dabei deformiert wird,

- Kritisches Wissen für Entscheidungen nur unzureichend vorhanden ist und stattdessen ein Übermaß an bestätigendem Wissen existiert,
- Ideen verpuffen und neues Wissen keinen Eingang in Denk- und Handlungsroutinen findet,
- Wissenssynergien nicht erkannt oder genutzt werden, weil nicht bekannt ist oder sein will, wer imstande ist, zu welcher Problemstellung einen Beitrag zu liefern,
- Wissen über relevante Umwelten nur selektiv und fragmentiert vorliegt und in der Regel innerhalb einer Organisation divergiert,
- Elektronische Informations- und Verteilungssystem nicht regelmäßig gepflegt werden oder sinnentleert sind
- Und entscheidungsrelevante Dokumente und Memos unbeachtet bleiben, weil sie nicht gelesen oder nicht verstanden werden (vgl. Heitmann 2013, S. 201).

Die Vielfalt an Herausforderungen macht deutlich, dass Organisationen und die in ihnen tätigen Personen nicht zum Austausch, zur Weitergabe und Nutzung von eigenem oder fremdem Wissen gezwungen werden können, sondern motiviert und befähigt werden müssen. Wissensmanagement lässt sich demnach nicht auf technologische Informationssysteme reduzieren, sondern impliziert die

> Gesamtheit organisationaler Strategien zur Schaffung einer ‚intelligenten' Organisation. Mit Blick auf die Personen geht es um das organisationsweite Niveau der Kompetenzen, Ausbildung und Lernfähigkeit der Mitglieder, bezüglich der Organisation als System steht die Schaffung, Nutzung und Entwicklung der kollektiven Intelligenz und des ‚collective mind' in Frage; und hinsichtlich der technologischen Infrastruktur geht es vor allem darum, ob, wie und wie effizient die Organisation eine zu ihrer Operationsweise kongenialen Kommunikations- und Infrastruktur nutzt (Willke 2001, S. 39).

Gretsch (2015) definiert, auf Willke (2001) zurückgreifend, drei zentrale Dimensionen, die für Wissensmanagement konstitutiv sind: Mensch, Organisation und Technik (vgl. Gretsch 2015, S. 26 f.; Abb. 2.2).

Nach der Dimension ‚Mensch' stellen sämtliche Mitglieder einer Organisation Träger relevanten Wissens dar, das heißt ihre Motivation, Kompetenzen, Einstellungen und Werte bilden sowohl den Antrieb kontinuierlicher Lern- und Veränderungsprozesse als auch die Grundlage von Wissensmanagement (vgl. Reinmann-Rothmeier et al. 2001, S. 18). Die Dimension ‚Organisation' schließt Rahmenbedingungen mit ein, die zur Entwicklung einer wissens- und lernförderlichen Arbeitsumgebung und Kultur beitragen und damit den Umgang mit Wissen erleichtern. Hieran schließt unmittelbar die dritte Dimension ‚Technik' an,

Abb. 2.2 Dimensionen
von Wissensmanagement.
(Quelle: Eigene Darstellung
2018)

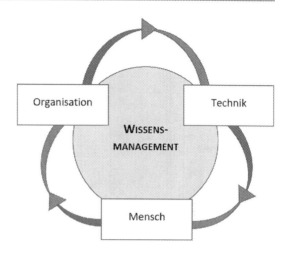

die über effiziente, nutzerfreundliche Informations- und Kommunikationstechno-
logien, Werkzeuge sowie Maschinen wissens- und lernförderliche Bedingungen
schafft (vgl. Reinmann-Rothmeier & Mandl 2000). Wissensmanagement beruht
daher auf einer systematischen Personalentwicklung, die in die Gesamtstrategie
und Kultur einer Organisation eingebunden ist, neue digitale Kommunikations-
technologien einzusetzen weiß und eine kontinuierliche Wissenskommunikation
ermöglicht, fördert und damit das organisationale Veränderungspotenzial steigert
(vgl. Glatz & Graf-Götz 2011, S. 263). Nur so kann Wissensmanagement ihrem
Ziel gerecht werden,

> mit der Ressource Wissen bewusst, systematisch und geplant und nicht nur unter-
> schwellig und nebenbei umzugehen, um die Reaktions- und Lernfähigkeit von Orga-
> nisationen zu erhöhen (Heitmann 2013, S. 201 f.).

Da Innovationsbereitschaft und der Wille zum Wandel Grundlagen von Wettbewerbsfähigkeit und Erfolg sind, bietet ein durch Personalentwicklung systematisch gefördertes Wissensmanagement die Chance,

> dass Organisationen intelligenter werden als die Summe ihrer Mitglieder und Leis-
> tungen vollbringen, die kein Einziger ihrer Experten allein schaffen könnte (Glatz &
> Graf-Götz 2011, S. 263).

Daher gewinnen Konzepte des Kompetenzmanagements in vorherrschenden
Personalentwicklung mehr und mehr an Bedeutung. Die praktische Relevanz für
betriebliches Personalmanagement hängt von ihrem inhaltlichen Mehrwert im

Vergleich zu älteren, aber zugleich bewährten Leitkonzepten (z. B. Qualifikation) ab. Den diversen Konzeptionen ist der Kompetenzbegriff gemeinsam. Mit ihm stellen sie weniger auf die Zertifizierung und Organisation von beruflicher und/ oder betrieblicher Bildung ab, sondern auf die Feststellung und Förderung von personalen Befähigungen (Dispositionen) in realitätsbezogenen Handlungsfeldern. Der Begriff ‚Kompetenz' wird vielfach umgangssprachlich genutzt und wird dabei nicht nur als Fähigkeit, sondern auch als Zuständigkeit verstanden. Die Kompetenzbegriffe in Kompetenzmanagementkonzepten sind dagegen eher psychologisch zu begründen. Dabei werden folgende Aspekte beachtet:

- Letztlich ist nicht das Bestehen von schulischen Prüfungen, sondern die Bewältigung realer Situationen und Aufgaben entscheidend für den beruflichen Erfolg.
- Hinter dieser handlungspraktischen ‚Performanz' stehen psychische Tiefenstrukturen (Kompetenzen), die nicht unmittelbar erkennbar sind, sondern analytisch erschlossen werden müssen.
- Nicht nur geistige Befähigungen (Wissen), sondern insbesondere persönliche Eigenschaften im motivationalen und emotionalen Bereich machen diese Kompetenzen aus.
- Kompetenzen können grob unterschieden werden anhand der Bereiche der Performanz, in denen sie sich zeigen (z. B.: Sozialkompetenz, Methodenkompetenz, Fachkompetenz). Dabei ist zu berücksichtigen, dass dabei die Kompetenzdimensionen Wissen, Können und Wollen beteiligt sind (vgl. Witzgall 2015; Abb. 2.3).

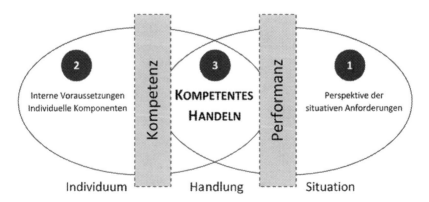

Abb. 2.3 Idealtypische Zugänge zur Beschreibung von Kompetenz. (Quelle: Eigene Darstellung 2018, in Anlehnung an Dilger 2010)

Kompetenzentwicklung beruht auf gezieltem oder beiläufigem Lernen, vor allem aber auf Erfahrung. Somit kann Kompetenzentwicklung ‚auf die Schnelle' nicht möglich sein. Einzelne Qualifizierungsmaßnahmen bewirken daher wenig. Indirekte Maßnahmen wie z. B. Zielentwicklungsgespräche und das Fördern von Selbstqualifizierung können wirkungsvoller und sogar effizienter sein.

Wegen einer zunehmenden Bedeutung von Motivation und Werten bekommt auch die Unternehmens- und Organisationsentwicklung einen hohen Stellenwert für die Kompetenzentwicklung zu (Bspl: Stellenwert von Vertrauen im Unternehmen und Selbstorganisiertes Arbeiten).

Kompetenzmanagement kann daher – kurzgefasst, als ein betriebliches System verstanden werden, welches darauf ausgerichtet ist, Fragen der Kompetenzentwicklung nicht nur nicht zu ignorieren bzw. zu vertagen, sondern diese Fragen geordnet, wirksam und steuernd zu verfolgen.

Zu einem derartigen Managementsystem gehören üblicherweise Verfahren zur Feststellung (Diagnose, Beschreibung) von Kompetenzen, Methoden/Werkzeuge zur Verknüpfung von Zielen, Voraussetzungen und Methoden sowie ein Set von Verfahren und Vorgehensweisen. Ein Einstieg in ein Kompetenzmanagementsystem ist nur dann sinnvoll, wenn die konzeptionellen Grundlagen „Kompetenz" und „Kompetenzentwicklung" in ihrer Bedeutung für das Unternehmen diskutiert und soweit geklärt sind, dass der Mehrwert im Vergleich zum vorhandenen System auch erkennbar ist. Und dann gilt es darauf zu achten, dass im Team „Top Down und Bottom Up" an diesem Thema gemeinsam gearbeitet wird.

2.4 Unternehmenskultur und Innovationsmanagement

Eine innovationsfreundliche Unternehmenskultur bildet heute zweifelsohne einen entscheidenden Faktor zur Sicherung eines nachhaltigen unternehmerischen Erfolgs – nicht zuletzt auch in Fragen der Personalentwicklung. Neben externen Einflüssen des Marktes (Wettbewerbsdruck, Innovationszyklen von Produkten, Kundenwünsche) gewinnen zunehmend interne Impulse – vermittelt durch Ideenmanagement (IM) und betriebliches Vorschlagswesen (BVW) – an Bedeutung. Etablierte Anforderungsprofile genügen zudem immer weniger gegenwärtigen und zukünftigen Herausforderungen. Gesellschaftliche Prozesse werden durch eine stetig wachsende Komplexität und eine fortschreitende Dynamisierung bestimmt. Der Ausnahmezustand wird zum Normalzustand, wobei folglich der bloße Reflex auf überkommene Strukturen, Prozessabläufe und Fertigungstechniken zu kurz greift.

Nachhaltiger Unternehmenserfolg kann immer weniger anhand von kurz-
fristigen ökonomischen Faktoren (aktuelle Kursgewinne, Produktionsauslastung,
Ressourceneinsatz, Produktabsatz etc.), d. h. an singulären Fragen von Effi-
zienz und Effektivität bemessen werden. Vielmehr steht nach Hans-Joachim
Schubert (2017) die „Suche nach stabilen Erfolgsgaranten, in Zeiten, in denen
Veränderungsdynamik und -komplexität rasant zugenommen haben" (Schubert
2017, S. 3) im Zentrum der Betrachtung. Organisationen und Unternehmen sind
gefordert, auf gesellschaftliche und marktspezifische Veränderungsprozesse nicht
nur zu reagieren, sondern im Kontext einer wissensbasierten Gesellschaft strukturiert und vorausschauend zu agieren. Es geht darum, gesellschaftliche Entwicklungen und Veränderungen frühzeitig zu erkennen, in ihrem Potenzial für
das jeweilige Unternehmen zu erschließen und Innovation zu einem dynamischen
Strukturprinzip zu machen. Nur so kann es gelingen Mitarbeiter nachhaltig an
ein Unternehmen zu binden, neue Mitarbeiter zu gewinnen und das Personal insgesamt für gegenwärtige und zukünftige Herausforderungen zu entwickeln. Hier
setzen Konzepte wie das betriebliche Vorschlagswesen und das Ideenmanagement
an, die Innovationsfähigkeit im Kontext des kontinuierlichen Verbesserungs-
prozesses (KVP)[3] als strategischen Faktor unternehmerischen Erfolges bestimmen.

Das betriebliche Vorschlagswesen kann bestimmt werden als ein „System
der organisatorischen Behandlung und Belohnung von technischen und nicht-
technischen […] Verbesserungen aus dem Kreis der Arbeitnehmer mit dem
Ziel, die Leistungen des Betriebs ständig zu verbessern" (Wichert 2018). Dabei
fungiert BVW sowohl als Instrument der Motivation als auch der Rationalisie-
rung. Marc A. Hermann und Clarisse Pifko schreiben BVW die Zielsetzungen
zu, „das verantwortliche Mitdenken möglichst vieler Mitarbeiter zu fördern, die
Zusammenarbeit zu verbessern, die Qualität der Arbeitsprozesse und -ergeb-
nisse zu optimieren, die Selbstständigkeit der Mitarbeiter zu vergrößern" (Hermann & Pifko 2009, S. 165). Das betriebliche Vorschlagswesen folgt in Aufbau
und Ablauf in der Regel standardisierten Prozessen von der Ideengenerierung
über eine schriftliche Formulierung und Einreichung, an die sich Prüf- und
gegebenenfalls Gutachterprozesse anschließen, und an dessen Ende die Entscheidung über Anerkennung oder Nichtannahme des Vorschlags, verbunden
mit einer evtl. Bestimmung der entsprechenden Prämienhöhe, stehen. Nachteile

---

[3]Als Übersicht sei hierzu verwiesen auf die Publikation von Brunner, Franz J., Japanische
Erfolgsrezepte. KAIZEN, KVP, Lean Production Management, Total Productive Maintenance, Shopfloor Management, Toyota Production System, GD[3] – Lean Development, Verlag Carl Hanser, 4. überarbeitete Auflage, München 2017, bes. 39–60.

beim BVW bestehen unter anderem darin, dass mit dessen Umsetzung vielfach ein hoher bürokratischer Aufwand verbunden ist, Vorgesetzte oft nicht hinreichend einbezogen werden und einzelne Innovationsinitiativen untereinander nicht hinreichend abgestimmt sind. Für nicht wenige Mitarbeiter wird darüber hinaus die Notwendigkeit einen Verbesserungsvorschlag schriftlich einzureichen als Hürde wahrgenommen (vgl. Schubert 2017, S. 30). Eine oftmals lange zeitliche Dauer zwischen dem Einreichen des Vorschlages und der Bekanntgabe der Entscheidung, ob und gegebenenfalls unter welchen Bedingungen der Vorschlag umgesetzt werden kann, wirken, zusammen mit einem nicht selten intransparenten Entscheidungsprozess, bisweilen negativ auf weitere Innovationsvorhaben. Hier zeigen sich auch oftmals unterschwellige Hürden für die Personalentwicklung, die gleichermaßen die Einbindung personaler Fähigkeiten wie auch die praxisorientierte Förderung vor die Aufgabe einer nachhaltigen Partizipation an einer unternehmensbezogenen Entwicklung stellen.

Neben der Forderung BVW möglichst unternehmensspezifisch und niederschwellig auszubilden, versteht sich auch das „Ideenmanagement" als konzeptionelle Weiterentwicklung. Wird Ideenmanagement weder als Synonym für das betriebliche Vorschlagswesen, noch als ‚Wortkosmetik' für ein mit bürokratischen Abläufen assoziiertes BVW verstanden, so kann nach Hans-Dietrich Schat (2017) hierin ein struktureller Rahmen ausgemacht werden, der BVW, KVP und gegebenenfalls weitere Konzepte wie Innovationsmanagement und Qualitätszirkel unter einem Dach vereint. Reinhard Bechmann (2013) macht in der Nutzung dezentraler Organisationsformen verbunden mit einer stärkeren Verpflichtung der Führungskräfte, den Prozess der Ideenentwicklung zu unterstützen, den entscheidenden Schritt zum IM aus. Er betont

Das IDM [Ideenmanagement/I.P.] ist dabei oft eingebettet in ein umfassenderes Ensemble aus verschiedenen Managementstrategien. Vor allem das Ineinandergreifen von IDM und kontinuierlichen Verbesserungsprozess (KVP) stellt einen qualitativen Unterschied zum traditionellen BVW dar. Ideenmanagement dient hierbei teilweise als Überbegriff für BVW und KVP (Bechmann 2013, S. 30).

Für eine vergleichende Gegenüberstellung lässt sich vereinfachend festhalten: Dem BVW liegt vielfach eine spontane Bildung von Ideen zugrunde, während das IM im Zuge kontinuierlicher Optimierung stärker Anreize einer strukturierten und vielfach moderierten Entwicklung von Ideen bietet.

Die Grenzen zwischen beiden Konzepten verschwimmen jedoch nicht selten und die Art der Ausgestaltung hängt letztlich von der jeweiligen Unternehmens-kultur als Handlungskontext ab.

> Die Unternehmens- bzw. Organisationskultur prägt das Selbstbild und stellt den Orientierungsrahmen für die Akteure innerhalb des Systems. Zugleich trägt sie wesentlich zum Fremdbild (Image) in der Außenwahrnehmung bei Kunden, Dienst-leistern, Konkurrenten etc. bei (Dessoy 2012, S. 85).

Unternehmenskultur erschöpft sich jedoch nicht in der bloßen Sammlung von Werten und Normen oder einzelnen funktionalen Bestimmungen, sondern stellt zugleich den zentralen Bezugsrahmen einer wertorientierten Personalentwicklung dar (vgl. Schreyögg 2003, S. 451). Die Unternehmenskultur übernimmt eine „Identifikation- und Integrationsfunktion" (Schumacher 2015, S. 48). Siegfried Klostermann (1997) bestimmt Unternehmenskultur zudem als Ergebnis der Ein-sicht, „daß es neben rechtlich verpflichtenden Normen solche gibt, denen man nur aus innerer Bestimmung und freier Wahl folgt" (Klostermann 1997, S. 45 f.). Klaus Doppler und Christoph Lauterberg (2014) sehen daher in der Unter-nehmenskultur ein ‚ungeschriebenes Gesetz', das sowohl das Zusammenleben wie auch das wirtschaftliche Handeln innerhalb eines Unternehmens prägt. Für das Gelingen einer Unternehmenskultur machen sie fünf Schlüsselfaktoren aus:

- kreative Unruhe als Katalysator für Veränderungskultur
- Konfliktfähigkeit als Kompetenz, Konflikte frühzeitig zu erkennen und konst-ruktiv auszutragen
- Zusammengehörigkeitsgefühl, geprägt durch Offenheit, Vertrauen und einem auf gegenseitige Akzeptanz gründenden Gemeinschaftssinn
- Sinnvermittlung, verbunden mit der Kenntnis und Annahme des eigenen Bei-trags zum „gemeinsamen Ganzen"
- Kommunikation, nicht nur als Informationsvermittlung, sondern als Ver-netzung und Steuerung der komplexen Unternehmensstruktur (vgl. Doppler & Lauterberg 2014, S. 67 f.).

Unternehmenskultur bietet ferner eine „Orientierungs- und Stabilisierungs-funktion" (Schumacher 2015, S. 49). Dabei kann sie jedoch nicht ausschließ-lich als regulatorisches Voraus zur Gestaltung des Aufbaus, der Wirk- und Erscheinungsweise eines Unternehmens nach innen wie nach außen verstanden werden. Vielmehr umfasst Unternehmenskultur eine Vielzahl wechselwirkender Faktoren, Normen und Werte aber auch Ziele und Strategien, die als Ausdruck

einer gewachsenen Gestalt das jeweilige Unternehmen in je eigener Weise prägen. Unternehmenskultur selbst ist damit entwicklungsoffen und fungiert
zugleich als gestaltbares Voraus für Innovation.

Innovation ist ein zutiefst ambivalenter Prozess. Mit Blick auf das in Abschnitt
E darzustellende Tutorenprogramm wird damit zudem deutlich: Neben zahl-
reichen und komplexen gegenwärtigen wie zukünftigen Herausforderungen,
die besonders Entwicklungen des Marktes und die Notwendigkeit einer stetig
wachsenden Kundenorientierung umfassen, stellen vielfältige innerbetriebliche
Vorgänge, die von einzelnen Entwicklungsimpulsen bis hin zu strukturierten
Maßnahmen (BVW, IM) reichen, ein stetes Veränderungspotenzial für Unternehmen dar. Unternehmenskultur erweist sich keineswegs als prärogativer Handlungskontext, sondern als lebendiges Voraus von Innovation. Damit einher geht
die gezielte Gestaltung von Veränderungen, die mittels struktureller und opera-
tiver Faktoren auf die Etablierung einer innovationsfreundlichen Unternehmenskultur im Dienste einer nachhaltigen Personalentwicklung zielt.

Weiterführende Ansätze sind herausgefordert, zukünftig engagiert für einen
Bewusstseinswandel einzutreten, der Innovation nicht als Bedrohung, sondern
als Taktgeber einer strukturierten und nachhaltigen Personalentwicklung versteht,
wie sie der Einsatz von Tutoren in der Personalentwicklung als strukturierte Inno-
vationsmaßnahme bietet.

Einsatz von Tutoren in der Personalentwicklung

Nach Ansicht des Bundesverbandes der Personalmanager (BPM) sind die benannten Herausforderungen wesentlich und daher kann eine Antwort der Personalentwicklung ein Tutorenprogramm sein. Dabei können die Aspekte wie: Digitale Weiterbildung und übergreifende Bildungsansätze, Mitbestimmung und Mitarbeiterbeteiligung im Unternehmen und Digitalisierung der Personalarbeit berücksichtigt werden.

3.1 Förderung in der Personalentwicklung

Bisher finden Tutoren-Konzepte und -einsätze vornehmlich im Hochschulbereich Anwendung. Im Kontext von Personalentwicklung sind hingegen Instrumente der Förderung, beispielsweise Coaching und Mentoring, wesentlich geläufiger. Unter Förderung, die in einem engen Zusammenhang zu Personalentwicklung steht, werden sämtliche beratenden, therapeutischen und je nach Kontext auch erzieherischen Maßnahmen subsumiert, mit denen ausgewählte Fähigkeiten ausgebildet oder verbessert werden sollen (vgl. Tenorth & Tippelt 2007, S. 252). Innerhalb der Personalentwicklung sollen Förderungsmaßnahmen die Mitarbeitenden dazu befähigen, sich auf Anforderungen ihres Arbeitsalltags besser einstellen sowie diese besser bewältigen zu können und die eigene berufliche Entwicklung zielgerichtet zu planen (vgl. Mentzel 2008, S. 2 ff.). Nach Becker (2013) umfasst Förderung

> alle Maßnahmen, die von einer Person oder Organisation zur Stabilisierung der Arbeits- und Beschäftigungsfähigkeit und zur beruflichen Entwicklung zielgerichtet, systematisch und methodisch geplant, realisiert und evaluiert werden (Becker 2013, S. 447).

© Springer Fachmedien Wiesbaden GmbH, ein Teil von Springer Nature 2019
K. Keller et al., *Wandel durch Partizipation*, essentials,
https://doi.org/10.1007/978-3-658-25496-4_3

Aus beiden Verständnissen heraus wird deutlich, dass Förderung eher einen kompensatorischen Charakter aufweist. Ein Defizit an Kompetenzen beziehungsweise Fähigkeiten soll ausgeglichen werden, um Arbeits- und Lebensbefähigung wiederherzustellen, aufrechtzuerhalten und zu stabilisieren. Da Individualität und Diversität Kennzeichen heutiger Organisationen sind, muss eine effektive Förderung die Vielfalt an unterschiedlichen Charakteren, Talenten, Fähigkeiten und Erfahrungen berücksichtigen, wenn sie Mitarbeitenden Orientierung, in einer vom Wandel gekennzeichneten, komplexen Arbeitswelt, geben möchte (vgl. Becker 2013, S. 448–449). Gerade auch vor dem Hintergrund der demografischen und gesellschaftlichen Entwicklung hat Förderung die Aufgabe, Potenziale sicht- und dadurch nutzbar zu machen. Förderung zielt also einerseits aus individueller Sicht auf:

- Das Erkennen persönlicher Stärken
- Eine maximale Chancenverwertung
- Die Fähigkeit Berufs- und Lebenswege selbstverantwortlich zu gestalten (vgl. ebd.).

Andererseits zielt Förderung aus betrieblicher Sicht, auf:

- Die Senkung von Personalkosten
- Den Abbau ungewollter Fluktuation
- Eine Verringerung von Krankheitsmeldungen
- Hohe Arbeitsproduktivität und -qualität
- Eine tief reichende Bindung an das Unternehmen (vgl. ebd.).

Gesamtgesellschaftlich soll damit

- Arbeitslosigkeit vermieden
- Internationale Leistungs- und Konkurrenzfähigkeit verbessert und
- Prosperität gesichert werden (vgl. ebd.).

Um diese Ziele zu erreichen wurden zahlreiche Instrumente der Förderung entwickelt, zu denen auch Coaching, Mentoring und Supervision zählen. Zur Abgrenzung gegenüber Tutorenkonzepte/Tutorien werden die Instrumente im Folgenden kurz dargestellt.

3.1.1 Coaching

Coaching entstammt ursprünglich dem amerikanischen Management der 1980er Jahre und bedeutete damals nicht viel mehr als die zielgerichtete und entwicklungsorientierte Führung von Mitarbeitern durch Vorgesetzte (vgl. Böning 2005, S. 28). Heute erfährt das Coaching große Popularität in der gesamten Organisationswelt und hat sich zu einer „schillernden Regenbogenlandschaft" (Böning 2005, S. 21) entwickelt, deren Facettenreichtum die Frage offen lässt, was sich konkret hinter dem Begriff verbirgt (Greif 2005a, S. 11). Eine direktere Formulierung wählt Geißler (2004) und hält fest, dass gerade im Wirtschaftsbereich, Coaching zum „Modebegriff avanciert, der alles und doch nichts bedeuten kann" (Geißler 2004, S. 18).

Gründe dafür können beispielsweise sein, dass weder der Begriff noch dessen Verwendung geschützt sind und die Branche gerade erst beginnt, sich zu organisieren, methodisch wie forschungstheoretisch weiterzuentwickeln und Qualitätsstandards zu definieren (Böning 2005, S. 22). Trotz der diffusen Beschaffenheit und Heterogenität, zeichnen sich zunehmend Professionalisierungstendenzen innerhalb des Coachings ab (vgl. ebd., S. 33–36). Becker bezeichnet Coaching als

> die intensive Unterstützung bzw. Beratung von Mitarbeitern und Führungskräften (Coachee) durch psychologisch geschulte Berater (Coach) in besonderen Beratungssituationen (Becker 2013, S. 658).

Obwohl es sich beim Coaching ursprünglich um eine primär psychologische Beratung handelt, geraten immer stärker fachliche, strategische, wirtschaftliche, politische oder gesellschaftliche Themen und Fragen in den Fokus, sodass die Arbeit mit dem Individuum und an dessen Problemen an zentraler Bedeutung verliert (vgl. Böning 2005, S. 24 f.). Darüber hinaus darf Coaching nicht mit der Therapie psychischer Störungen und Krankheiten gleichgesetzt werden (vgl. Greif 2005a, S. 13). Unter Verzicht auf die psychologisch-therapeutische Dimension veröffentlichte der „Deutsche Bundesverband Coaching e. V." im Jahr 2004 die folgende Definition:

> Coaching ist die professionelle Beratung, Begleitung und Unterstützung von Personen mit Führungs-/ Steuerungsfunktionen und von Experten in Unternehmen/ Organisationen. [...] Als ergebnis- und lösungsorientierte Beratungsform dient Coaching der Steigerung und dem Erhalt der Leistungsfähigkeit (DBVC 2004).

Der DBVC verengt das Blickfeld durch die Eingrenzung des Adressatenkreises, auf Führungskräfte beziehungsweise entscheidungsbefugte Schlüsselpersonen von Organisationen, erheblich, was wenig sinnvoll erscheint (vgl. Greif 2005a, S. 12). Coaching und Beratung erscheinen hierbei als intentionale, nahezu kongruente Handlungsformen, was die Frage nach der Bedeutung von Beratung nahelegt.

> Beratung ist die zeitlich befristete Interaktion zwischen einem Berater und einem Ratsuchenden mit dem Ziel, in einem bestimmten Problem- und oder Handlungsbereich Lösungen und Strategien zu entwickeln, die dann – möglicherweise unter Beteiligung des Beraters – vom Ratsuchenden implementiert werden können (Pätzold 2004, S. 52).

Demzufolge fußt Beratung auf einer Struktur, bestehend aus Klient, Gegenstand beziehungsweise Problem und Berater sowie einer Funktion, die darin besteht Strategien zur Lösung und Bewältigung eben jener Probleme zu entwickeln (vgl. Pätzold 2009, S. 196 f.).

Die Förderung der individuellen Problemlösefähigkeit – Hilfe zur Selbsthilfe – gilt als konstitutives Merkmal und grundlegendes Ziel eines Coaching-Prozesses (vgl. Becker 2013, S. 658; Jung 1991, S. 67; Rückle 1992, S. 70). Hilfe zur Selbsthilfe verweist darauf, dass der Klient freiwillig eine aktive Rolle einnehmen muss, die Problembewältigung eigenständig leisten muss und der Coach in einem interaktiven, transparenten, zeitlich befristeten Prozess lediglich Handlungsoptionen aufzeigt (vgl. Rauen 2005, S. 112). Obwohl es sich hierbei um weitere Parallelen zur Beratung handelt, sollten diese nicht darüber hinwegtäuschen, dass eine synonyme Verwendung beider Begriffe ungeeignet ist, eher dazu beiträgt Coaching als modernen Ersatz- und Sammelbegriff für jedwede Art der Beratung erscheinen zu lassen und damit weder der Eindeutigkeit noch Professionalität beider Handlungsformen dient (Greif 2005a, S. 12). Es bedarf also mindestens einer weiteren Spezifikation um eine trennscharfe Unterscheidung zu treffen. Greif (2005) sieht als entscheidendes Differenzierungskriterium Coaching nicht nur als Beratung, sondern als systematische Förderung der Selbstreflexion zu begreifen, die alle subjektiv wichtigen, realen oder idealen Vorstellungen einer Person von sich selbst umfasst. Dazu zählen die individuellen Ziele, Bedürfnisse, Merkmale und Entwicklungspotenziale des Coachee sowie die Regeln und Standards, an denen er sich im Organisationsalltag orientiert. Um Einblicke in das Selbstkonzept einer Person zu erlangen und dieses systematisch zu fördern, bedarf es großer Sensibilität, Erfahrung und Professionalität seitens des Coaches, um dieser schwierigen Anforderung gerecht zu werden (vgl. Greif 2005a, S. 14 f.). Zusammenfassend kann man Coaching also verstehen, als

> [...] eine intensive und systematische Förderung der Reflexionen und Selbstreflexionen sowie Beratung von Personen oder Gruppen zur Verbesserung der Erreichung selbstkongruenter Ziele oder zur bewussten Selbstveränderung und Selbstentwicklung (Greif 2005b, S. 2 ff.).

In dem Maße in dem Coaching dazu in der Lage ist die Selbstreflexion beziehungsweise das Selbstkonzept eines Mitarbeiters zu entwickeln, kann sie Veränderungen der gesamten Organisation in Gang setzen.

3.1.2 Mentoring

Mentoring ist ein weiteres Instrument der Förderung innerhalb der Personalentwicklung.

> Mentoring bezeichnet das zielbezogene Beratungsverhältnis zwischen einem Berater oder einer Beratergruppe (Mentoren) und mehreren Ratsuchenden (Mentees), das mit dem Ziel der beruflichen und persönlichen Förderung der Mentee-Gruppe zeitlich befristet geschaffen wird (Becker 2013, S. 667).

Mentoren fällt dabei die Aufgabe zu, Ratsuchenden beim Aufbau von Kontakten und Netzwerken zu helfen, Wissen sowie Erfahrung weiterzugeben, bei der Integration in Unternehmenskultur und Aufgabengebiet zu unterstützen und einen Umgang unter Mitarbeitenden zu fördern. Ziel dieser Maßnahmen ist die berufliche und persönliche Weiterentwicklung (vgl. ebd.). Während Mentees von der Erfahrung und den Kontakten eines Mentors profitieren, erhalten diese die Möglichkeit ihren Arbeits- und Führungsstil reflektieren zu können und damit auch eigene Potenziale zu entdecken (vgl. ebd.).

Im Unterschied zum Coaching wird Mentoring durch ein hierarchisch geprägtes Verhältnis bestimmt, da der Mentor einen Vorsprung an Erfahrung und Wissen hat, welches er einem Ratsuchenden sukzessiv zugänglich macht (vgl. Hubner 2007, S. 35). Des Weiteren ist Mentoring langfristiger angelegt und soll oftmals in eine zeitlich unbegrenzte Zusammenarbeit überleiten (vgl. ebd.). Mit Coaching werden im Gegensatz dazu zuvor festgelegte, konkrete Ziele innerhalb einer bestimmten, klaren zeitlichen Frist verfolgt (vgl. Rauen 2001, S. 69 ff.).

Mentoring ist eine reine Beratungsbeziehung, deren Anlass vorwiegend die Integration eines neuen Mitarbeitenden in eine Organisation oder eine individuelle Karriereplanung darstellt, wohingegen fachliche und inhaltliche Themen kaum bis gar keine Berücksichtigung finden (vgl. Hubner 2007, S. 35). Darüber hinaus ist Coaching weitaus variationsreicher hinsichtlich des Einsatzes interner und externer Experten und stets auf aktuelle Themen sowie Probleme ausgerichtet (vgl. Rauen 2001, S. 71). Die folgende tabellarische Gegenüberstellung bildet noch einmal zusammenfassend die Gemeinsamkeiten und Unterschiede beider Förderungsinstrumente ab (Tab. 3.1).

Tab. 3.1 Mentoring und Coaching im Vergleich. (Quelle: Eigene Darstellung 2018, in Anlehnung an Becker 2013, S. 667–676)

Mentoring	Coaching
Wird überwiegend intern für bestimmte Gruppen durchgeführt	Wird überwiegend extern durchgeführt
Zielgruppe in der Regel neue bzw. junge Mitarbeiter und Potenzialträger	Zielgruppe in der Regel Führungskräfte, Projektmanager
Beziehung hierarchisch und auf die gemeinsame Zugehörigkeit zur Organisation bezogen	Beziehung hierarchiefrei, gleichberechtigt und neutral
Der Mentor hat die Rolle des Vorbildes	Der Coach hat die Rolle des Begleiters
Der Mentor erfüllt aktiven Part und zielt auf die Vermittlung von Wissen, d. h. dem Mentee wird die Lösung des Problems vermittelt	Der Coach agiert eher im Hintergrund und leistet Hilfe zur Selbsthilfe, d. h. der Coachee soll die Lösung des Problems selbst finden
Hilfestellungen erfolgen in einzelnen Praxissituationen, Integration in die Organisations- und Karriereplanung vorwiegender Anlass	Entwicklung persönlicher Handlungs- und Lösungskompetenzen, Bewusstmachung von Wahrnehmungs-, Verhaltens-, und Kommunikationsmustern
Berufliche Entwicklung des Mentees	Persönliche und berufliche Entwicklung des Coachees
Vorerst auf unbegrenzte Zeit bzw. auf lange Frist angelegt	Klare zeitliche Befristung
Mentoring ist zumeist in ein umfassendes PE-Konzept integriert	Coaching findet oft anlassbezogen als gezielte PE-Maßnahme statt
Der Mentor verfolgt vordergründig die Interessen des Unternehmens	Der Coach verfolgt vordergründig die Interessen des Coachees

3.1.3 Supervision

Ursprünglich war Supervision vornehmlich auf die Zielgruppe der sozialen Berufe ausgerichtet (vgl. Hubner 2007, S. 33). Innerhalb der Betriebswirtschaft tut man sich daher mit einer eindeutigen Definition, die sie von anderen Förderungsmaßnahmen, beispielsweise dem Coaching oder Mentoring, unterscheidet, nach wie vor schwer.

> Der Begriff Supervision ist im Kontext von Management und Unternehmung noch nicht anschlussfähig (Looss 1991, S. 42).

Die pädagogische Disziplin hat sich dahingegen schon länger mit der Supervision und deren Alleinstellungsmerkmalen befasst (vgl. Hubner 2007, S. 33). Reinhold zufolge zielt sie auf die

> Anleitung und Unterstützung bei der Aufarbeitung problematisch gewordener beruflicher Praxis durch unabhängige, aber mit dem Praxisfeld vertraute Experten (Reinhold et al. 1999, S. 506).

Aus methodischer Sicht ist Supervision dem Coaching relativ ähnlich und setzt an vergleichbaren Punkten an (vgl. Hubner 2007, S. 33). Der größte Unterschied liegt in der Ausgestaltung des Inhalts. Supervision dient im Gegensatz zum Coaching stets der Bewältigung einer belastenden Situation oder eines Problems und weniger dem Erreichen rein wirtschaftlicher Ziele (vgl. ebd., S. 34). Der Supervisor hat im Vergleich zu einem Coach in der Regel eine größere Distanz zum Arbeitsfeld des Klienten und ist gegenüber der Optimierung betriebswirtschaftlicher Prozesse sowie organisationsinterner Macht- und Hierarchiefragen kritisch eingestellt (vgl. Rauen 2001, S. 66). Während Coaching vorwiegend fachliche Inhalte vermittelt, geht es bei der Supervision eher um die Ausbildung sowie Entwicklung sozialer Kompetenzen, die nicht nur der Problembewältigung, sondern auch der eigenen Emanzipation dienen sollen (vgl. Schreyögg 2003, S. 65).

Eine gängige Form der Supervision, die insbesondere im Berufsalltag von Unternehmen breite Anwendung findet, ist die sogenannte Peer Supervision. Hierbei tauschen zwei oder mehrere Mitarbeiter ihr Wissen und ihre Erfahrung systematisch aus, um berufliche, fachliche oder soziale Ziele gemeinsam effizienter zu verfolgen (vgl. Becker 2013, S. 682). Die Beratung unter gleichrangigen Kollegen bietet die Chance, offen über Probleme zu sprechen, die eigene Selbstwahrnehmung zu steigern und ist zudem für das Unternehmen sehr kostengünstig (vgl. ebd., S. 687). Nachteile oder Gefahren bestehen in der fehlenden Beratungskompetenz solcher Peergruppen, in der unvorhersehbaren Gruppendynamik, die durch häufige Wechsel der Teilnehmer zusätzlich verschärft werden kann und in der mangelnden Transparenz (vgl. ebd.). Für Führungskräfte ist es schwierig Zugang und Einblick in solche geschlossenen Systeme von Peergruppen zu erhalten, weshalb sie nur bedingt regulierend darauf einwirken können.

3.2   Grundlegende Überlegungen

Idee und Einsatz von Tutoren stehen in universitärer Tradition und fanden bereits im Mittelalter Anwendung. Mit Tutorenkonzepten war stets eine kompensatorische Wirkung gegen den Mangel an Lehrkräften und Anliegen, Studierenden verschiedenen Alters Hilfestellung bei der Bewältigung ihres Studiums zu leisten, verbunden. Nach einer Phase des Rückgangs, lebte die Tradition im 19. Jahrhundert wieder auf und wurde seit den 50er und 60er Jahren des 20. Jahrhunderts – zunächst vornehmlich in den USA – systematisch in Einrichtungen des Hochschulwesens aufgebaut und gefördert (vgl. Kraus & Müller-Benedict 2007, S. 4). Mittlerweile sind Tutorien fest in der Hochschullandschaft verankert und erfüllen vielseitige Funktionen, ohne die universitäre Lehre kaum mehr denk- und realisierbar ist.

Tutoren sind heute eine feste Größe im Hochschulalltag und haben eine entscheidende Funktion bei der Unterstützung studentischer Lernprozesse. Sie fördern Lernautonomie und wissenschaftliche Selbstständigkeit, bieten Lernbegleitung, Hilfestellung und Beratung für Studierende in unterschiedlichen Lernprozessen, insbesondere bei Lernschwierigkeiten und zur Prüfungsvorbereitung und helfen darüber hinaus Kommilitonen bei der Integration in das studentische Leben. Damit verbessern sie die Studienqualität, tragen dazu bei, die Studienabbrecherquote zu reduzieren und Studienerfolge zu erhöhen (Kröpke 2015, S. 17).

In den meisten Fällen handelt es sich bei Tutoren um Studierende eines höheren Semesters, studentische oder wissenschaftliche Hilfskräfte oder mitunter auch wissenschaftliche Mitarbeiter (vgl. Knauf 2005, S. 1 ff.). Tutoren und die ihnen anvertraute Zielgruppe teilen in der Regel eine gemeinsame Erfahrungswelt und Sprache, die ein Gefühl der Zusammengehörigkeit ermöglicht und Hierarchien zwischen Lehrenden und Lernenden aufhebt (vgl. Kröpke 2015, S. 18 f.). Der gemeinsame Erfahrungshorizont erleichtert es zudem, Beratung und Betreuung praxisnah zu gestalten (vgl. Wildt 2013, S. 44). Tutorien zeichnen sich daher durch eine besondere Lernatmosphäre aus, die durch gegenseitiges Vertrauen, Respekt und Verständnis gekennzeichnet ist und Lernen auf Augenhöhe ermöglicht (vgl. ebd.). Tutoren bieten sowohl fachliche (Fachtutoren) als

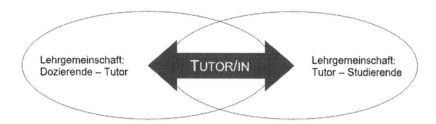

Abb. 3.1 Tutoren als Scharnierfunktion. (Quelle: Eigene Darstellung 2018, in Anlehnung an Kröpke 2015, S. 18)

auch sozial-organisatorische Unterstützung (Orientierungstutoren) und fungieren als Ansprechpartner oder Vertrauensperson, die die Interessen von Studierenden vertreten und auftretende Probleme den Dozierenden widerspiegeln können. Sie übernehmen damit eine wichtige Scharnierfunktion und können zu einem Perspektivwechsel von der Lehre zum Lernen beitragen, bei dem Lernprozesse und -verhalten stärkere Beachtung finden (vgl. Kröpke 2015, S. 19; Abb. 3.1).

Somit stellen Tutoren wichtige Lernbegleiter und Multiplikatoren im Hochschulwesen dar, die eine nachhaltige Qualität der Lehre maßgeblich mitgestalten (vgl. Kröpke 2015, S. 18 f.). Neben ihrer Bedeutung für die Reallokation von Lehrenden und Kompetenzentwicklung von Studierenden, besteht der persönliche Benefit für Tutoren, im Ausbau und Erweiterung ihrer persönlichen, sozialen, methodisch-didaktischen und fachlichen Kenntnisse durch die professionelle Vermittlung von Inhalten. Angesichts ihrer herausragenden Bedeutung für Lehr- und Lernprozesse im Hochschulwesen gilt der Qualifizierung von Tutoren, also der zielgerichteten Vorbereitung auf ihre beratende und unterstützende Tätigkeit, besondere Aufmerksamkeit.

> In den meisten Fällen werden Tutoren, die in Fachveranstaltungen eingesetzt werden, nicht extra für ihre Aufgaben ausgebildet. […] Es wird von zwei falschen Annahmen ausgegangen: Die erste Annahme lautet, dass jemand, der etwas gut reproduzieren kann, auch gut erklären kann. Die zweite Annahme ist, dass eine Anleitung von anderen Studierenden im Wesentlichen darin besteht, diesen gute fachliche Erläuterungen anzubieten (Görts 2011, S. 6).

Qualifizierungsmaßnahmen, in Form von fachlich betreuten Schulungen, haben darauf abzuzielen, dass zukünftige Tutoren mit lernpsychologischen und didaktischen Ansätzen vertraut sind, neu erworbene Informationen mit ihrem Vorwissen und ihren Erfahrungen verknüpfen können, Seminarmethoden gezielt auswählen und einsetzen können, über ihr eigenes Lehr- und Lernverhalten kontinuierlich reflektieren und einen (inter)disziplinären Erfahrungsaustausch verfolgen (vgl. Kröpke & Szcyrba 2009, S. 15). Da Tutoren über eine Vielzahl von Kompetenzen verfügen müssen und sich die Betreuung von Studierenden zeitintensiv gestaltet, gilt es flächendeckend im Hochschulwesen Anreizsysteme zu entwickeln und zu etablieren, die die Rekrutierung von Tutoren erleichtern und eine längerfristige Bindung ermöglichen. Dabei müssen Anreize nicht immer und ausschließlich monetärer Natur sein, sondern können unterschiedlich ausfallen und mitunter kombiniert werden (vgl. Kröpke 2015, S. 32). Die folgende Tabelle zeigt eine Übersicht der verschiedenen Anreizsysteme, geordnet nach materiellen und immateriellen Anreizen in Verbindung mit intrinsischer und extrinsischer Motivation (Tab. 3.2).

Tutoren und ihre gezielte, vorbereitende Qualifizierung birgt für Unternehmen und deren Personalentwicklung ein großes Potenzial. Tutoren bilden eine Art Hybridform der bisher bekannten Fördermaßnahmen innerhalb der Personalentwicklung (z. B. Coaching, Mentoring und Supervision). Tutoren übernehmen die Rolle eines internen Lernbegleiter und Kulturvermittler, die in einem dauerhaft

Tab. 3.2 Anreizsysteme für Tutoren. (Quelle: Kröpke 2015, S. 34, nach Matheis & Worth 2013, S. 90)

	Extrinsische Motivation				Intrinsische Motivation
	Materielle Anreize		Immaterielle Anreize		
	Finanzielle Anreize	Geldwerte Anreize	Soziale Anreize	Organisationale Anreize	Anreize der Arbeit selbst
Beispiele	• Studentischer Arbeitslohn • Erlass der Studiengebühren für ein Semester • Auslobung von Wettbewerben mit Geldpreisen	• Vergünstigungen (z. B. für die Regelstudienzeit) • Gutscheine • Fortbildungen	• Anerkennung/Status • Kontakt mit Studierenden aus anderen Semestern • Zusammenarbeit mit anderen TutorInnen/ProfessorInnen • Kennenlernen der Organisation Hochschule	• Studienfreundliche Arbeitszeiten • Arbeiten und Studieren an einem Ort • Anerkennung von Studienleistungen (ECTS) • Öffentlichkeitswirksame Auszeichnungen • Zertifikat	• Arbeitsinhalt • Gruppenleitung • Lern- und Entwicklungsmöglichkeiten • Freude am Teilen von Wissen/Erfahrungen

angelegten Austausch- und Begleitungsprozess zur individuellen Kompetenzentwicklung, kollegialen Vernetzung und Integration von Mitarbeitenden beitragen
sollen. Im Unterschied zum Coaching und zur Supervision kann, aber muss es
dabei nicht um die Bewältigung akuter Problemlagen und Herausforderungen
gehen. Trotz möglicher, bestehender Erfahrungs- und Wissensvorsprünge
der Tutoren zeichnen sich Tutorien – im Gegensatz zum Mentoring – durch
hierarchiefreie Beziehungsgefüge zwischen Akteuren aus, die eine gemeinsame
Erfahrungs- und Lebenswelt teilen, die im Unternehmenskontext maßgeblich
durch Arbeitsinhalte und -ziele sowie Strukturen und Prozesse der jeweiligen Ein-
richtung definiert sein kann. Tutorenkonzepte, denen eine fachliche und persönliche Qualifizierung vorausgeht, können dazu beitragen, das bisher übliche
‚Förderungs- und Forderungs-Diktat' von Unternehmensführungen zu überwinden und einem unternehmensweiten, hierarchiefreien und wertschätzenden
Lernen mit- und untereinander den Weg ebnen. Eine breit angelegte und gelebte
Partizipation als Grundlage organisationalen Wandels und organisationaler Entwicklung.

3.3   Zielsetzungen

Tutorenkonzepte können nur mittel- und langfristig zum Erfolg führen, wenn sie
von einer systematischen Personalentwicklung entwickelt, begleitet, getragen und
evaluiert wird. Insbesondere der qualifizierten Vorbereitung von Tutoren kommt
eine große Bedeutung bei. Um der im Vorfeld beschriebenen komplexen Rolle
als Begleiter, Ansprechpartner und Vertrautem gerecht werden zu können, müssen Tutoren vielfältige Kompetenzen erwerben bzw. optimieren. Zu den erforderlichen Schlüsselkompetenzen zählen:

- Fachkompetenz: Inhalte werden fachkundig beherrscht und vermittelt
- Methodenkompetenz: Inhalte werden methodisch und didaktisch aufbereitet,
  damit Lernerfolg und Motivation bei den TN erzielt werden
- Sozialkompetenz: im Miteinander mit TN sind Tutoren hilfsbereit, sympa-
  thisch und freundlichen und haben ein offenes Ohr bei Fragen und Problemen
- Personenkompetenz: Persönliche Fähigkeiten und Einstellungen, beispiels-
  weise Motivation, Selbstständigkeit, Engagement und Zeitmanagement wer-
  den gefördert
- Gruppenleitungskompetenz: Lerngruppe wird geleitet und moderiert
- Gruppengesprächskompetenz: Schwierige Situationen werden im Gespräch
  mit der Gruppe oder mit dem Einzelnen erörtert
- Rhetorische Kompetenz: Inhalte werden hörergerecht formuliert und präsentiert

Tutorenprogramme zielen daher auf eine subjektorientierte, ganzheitliche Förderung sowohl bei den Tutanden als auch bei den Tutoren. Unternehmen können mit dem Einsatz von Tutoren die folgenden Ziele verfolgen:

- Subjektorientierte Förderung und Kompetenzentwicklung: Mitarbeitende werden individuelle (einzeln oder in Gruppen) gefördert
- Identifikation und Reflexion von persönlichen Potenzialen/Ressourcen
- Langfristige Mitarbeiterbindung und Feedbackkultur: Mitarbeitende erhalten fachliche und sozial-organisatorische Unterstützung und können Wünsche, Kritik, Ängste und Sorgen frühzeitig einbringen und bündeln, ohne Sanktionierungsmaßnahmen fürchten zu müssen
- Interdisziplinäres Lernen und (intergenerative) Vernetzung: Austausch und Vernetzung zwischen Mitarbeitenden unterschiedlicher Fachrichtungen, Abteilungen und Generationen (Silver society meets Generation Y)
- Abbau von Hierarchien und Wissensmanagement: Mitarbeitende und Tutoren begegnen sich auf Augenhöhe, Tutoren erfüllen Scharnierfunktion zwischen Mitarbeitenden und Führungskräften (Vermittlung), Wissen wird aktiv aufgenommen und weitergegeben (communities of practice)
- Leistungsbereitschaft und Motivation: Regelmäßiger Austausch ermöglicht Erfahrungs- und Lernzuwachs und dient eigenem Controlling
- Verringerung von Einstiegs- und Übergangsschwierigkeiten: Tutoren unterstützen neue Mitarbeitende beim Einstieg in das Unternehmen oder bei einem Wechsel der Abteilung oder des Handlungsfeldes

Damit Tutoren eine positive Wirkung auf Mitarbeitende, Kollegen und Führungskräfte entfalten können, müssen sie fachlich und persönlich qualifiziert sein. Ein Tutorenprogramm, wie es im Folgenden beispielhaft skizziert wird, muss dabei nicht nur fachliche und methodisch-didaktische Kenntnisse vermitteln, sondern auch das Selbstverständnis und die Rolle eines Tutors erlebbar machen und damit sowohl eine breite Kompetenzbasis als auch ein ethisch-normatives Leitbild schaffen, nach dem sich die zukünftigen Tutoren ausrichten.

Inhaltlicher Aufbau eines Tutorenprogramms (Beispiel)

Das Programm hat das Ziel, Tutorinnen und Tutoren zu befähigen, Inhalte kommunikativ, orientiert, motiviert, praktisch, aktiv, strukturiert und selbstorganisiert zu erlernen, zu vermitteln und umzusetzen. Adressaten dieses Tutorenprogramms sind Personen, die eine Tutorenrolle übernehmen und dabei methodisch-didaktische Kompetenzen entwickeln, einsetzen und auswerten. Die drei Phasen des Programms gliedern sich wie folgt:

Überblick

PHASE 1: KONZEPTION

- Persönliches Arbeitsmethodik – Zeit- und Selbstmanagement sowie Zielorientierung
- Strukturierungsmöglichkeiten
- Grundlagen von Kommunikations- und Interaktionsprozessen sowie Gesprächsführung
- Handlungskompetenz eines Tutors

PHASE 2: DASEIN ALS TUTOR

- Vermittlung von Inhalten durch die Tutoren
- Inhaltliche Begleitung/Beratung durch erfahrene Personen (z. B. auch Silver Generation)
- Entwicklung und Schärfung von Fachkompetenz
- Ausbau von Schlüsselkompetenzen als Tutor, u. a. auch Feedback geben und auch erhalten
- Methodisch-Didaktische Beratung durch Lehrende

© Springer Fachmedien Wiesbaden GmbH, ein Teil von Springer Nature 2019
K. Keller et al., *Wandel durch Partizipation*, essentials,
https://doi.org/10.1007/978-3-658-25496-4_4

PHASE 3: KOMPETENZ-PASS
- Feedback/Evaluierung
- Verleihung eines „Kompetenz-Passes" als Zusatz

Durch den ‚Kompetenz-Pass' sollen die sozialen, methodischen und fachlichen Kompetenzen der Tutoren gefördert werden und bietet in Form eines Zertifikats einen notwendigen Anreiz für eine Teilnahme. Ziele im Bereich der sozialen Kompetenzen:

- Teamfähigkeit
- Teamführung
- Kooperationsfähigkeit
- Kommunikationsfähigkeit
- Konfliktmanagement
- Kritikfähigkeit (soziale und kontextuelle Sensibilität)
- Rollendistanz

Ziele im Bereich der methodischen Kompetenzen:

- Techniken zu Visualisierung und Präsentation
- Moderationsmethoden z. B. zur Moderation und Leitung von Besprechungen
- Lehr-Lernmethoden und Didaktik je nach Gruppengröße

Ziele im Bereich der fachlichen Kompetenz:

- Bewältigung, Aufbereitung und Darstellung spezifischer Tätigkeiten/Aufgaben und Rollen/Funktionen
- Kritische Reflexion und Bewertung von Inhalten

Der erste Meilenstein in diesem Programm ist das Training der Tutoren, welches im Folgenden detailliert dargestellt wird.

4.1   Phase I: Vorbereitendes Tutorentraining

Ziel des Tutorentrainings ist die Vorbereitung auf eine professionelle Durchführung der einzelnen Tutorien in den jeweiligen Bereichen einer Organisation. Die zukünftigen Tutoren sollten anschließend in der Lage sein, Inhalte, Kompetenzen und Erfahrungen zu vermitteln, weiterzugeben und umzusetzen.

Die Teilnehmenden des Programmes werden in jeder Phase entsprechend professionell begleitet, wobei das Tutorentraining die erste Phase darstellt. Hier erhalten die Teilnehmenden einen Leitfaden, wie sie ihr späteres Tutorium eigenständig koordinieren, organisieren, durchführen und bewerten können. Im Vordergrund des Tutorentrainings steht der sinnvolle Wechsel zwischen Theorie und Praxis unter Berücksichtigung eines effektiven Medieneinsatzes.

Ein wesentlicher Aspekt im Tutorentraining ist die ausgewogene Mischung aus theoretischem Input und anschließenden praktischen Übungen. Auf diese Weise werden die Inhalte geübt, gefestigt und ein gewisses Silodenken in Organisationen aufgebrochen. Dieses Wechselspiel wird von Beginn des Trainings an praktiziert. Das Training gliedert sich in vier Phasen:

1. Definition
2. Öffnen
3. Identifizieren
4. Transformieren

Die erste Phase beinhaltet die Situationsanalyse und berücksichtigt sowohl die organisatorische, inhaltliche und partizipative Perspektive, als auch die Formulierung der Ziele, die sich aus der Analyse ergeben. Die sich anschließende zweite Phase öffnet, d. h. sie aktiviert, produziert und differenziert Inhalte. In der dritten Phase werden Ideen/Inhalte ausgewählt, bearbeitet, kritisch reflektiert sowie dokumentiert. Schließlich werden in der vierten ‚Transformationsphase‘ die in den ersten drei Phasen erarbeiteten Konzepte umgesetzt und evaluiert.

Durch das Tutorentraining werden die Teilnehmenden bedarfsgerecht und zielgruppenorientiert auf ihre Rolle und Aufgabe als Tutor vorbereitet. Bedarfsgerecht meint hier, alle Teilnehmer in die inhaltliche Gestaltung einzubeziehen und hierdurch Schwerpunkte des Trainings zu gestalten. Das Konzept des Tutorentrainings ist zwar zuvor inhaltlich und methodisch festgelegt, es ist jedoch auch als ein (auch in Abhängigkeit von der Zielgruppe) zu erweiternder Rahmen zu verstehen, der individuelle Vertiefungsmöglichkeiten zulässt.

4.1.1   Ablauf des Tutorentrainings – Erster Teil/Tag

Aus den bisherigen Erläuterungen ergeben sich folgende inhaltliche Schwerpunkte für das Tutorentraining. Für eine konkrete Umsetzung wäre eine Aufteilung der Inhalte auf zwei Trainings-/Weiterbildungstage denkbar. Im ersten Teil des Trainings sollen die folgenden Schwerpunkte behandelt werden, um zukünftige Tutoren mit den notwendigen Handlungskompetenzen auszustatten, die sie für ihre Tätigkeit benötigen:

1. Persönliche Vorstellung und Erwartungen
2. Umgang mit Feedback (geben und empfangen)
3. Aufgaben eines Tutors
4. Rollendistanz
5. Persönliche Arbeitsmethodik und Zielorientierung
6. Kommunikation
7. Inhaltliche Strukturierungsmöglichkeiten und Visualisierungstechniken
8. Weitere thematische Schwerpunkte
9. Auswertung und Ausblick

1. Persönliche Vorstellung und Erwartungen
Ziel der Vorstellungseinheit ist das Kennenlernen sowie eine Klärung der Erwartungen an das Tutorentraining, damit bereits erste thematische/methodische Schwerpunkte des Trainings erarbeitet werden können. Diese sind von den Trainern entsprechend flexibel in das Seminarkonzept aufzunehmen.

2. Umgang mit Feedback
Im Anschluss wird das „Feedback"-Thema gemeinsam bearbeitet. Ziel dieser Einheit ist die Erweiterung der fachlichen, sozialen und methodischen Kompetenzen der Teilnehmenden: Es findet eine inhaltliche Überprüfung und Erweiterung des Verständnisses von Feedback statt. Durch praktische Übungen werden sowohl die Kommunikationsfähigkeit als auch die Kritikfähigkeit erhöht. Gleichzeitig wird eine Methode erlernt, wie die Teilnehmenden in ihrem späteren Tutorium individuelle Regeln zum Feedback aufstellen können. Hierzu kommen auch Ansätze der Diskursethik zur Anwendung, die auf den Prozess dialogischer Entscheidungsfindung zielen.

Dafür erhält die Zielgruppe zunächst einen theoretischen Einblick in das Thema, um dann im Anschluss auf der theoretischen Basis praktizierbare Regeln erstellen zu können. Das sogenannte „Johari-Fenster", ein Vier-Felder-Schema

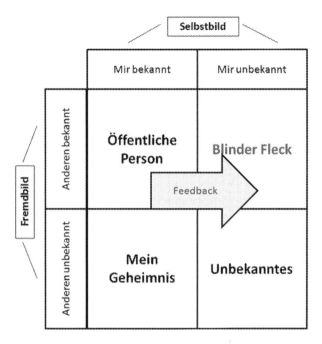

Abb. 4.1 Feedback mit dem JoHari-Fenster. (Quelle: Eigene Darstellung 2018, in Anlehnung an Große Boes & Kaseric 2014, S. 205)

von Joe Luft und Harry Ingham (Luft 1970), wird zur Vermittlung der theoretischen Kenntnisse über das Thema herangezogen (Abb. 4.1).

In diesem Modell werden verschiedene Bereiche von Personen und Interaktionen unterschieden:

- Der Bereich ‚öffentliche Person' – Diese Aspekte des Selbst sind der Person bekannt und auch für andere transparent.
- Der Bereich ‚Mein Geheimnis' – Manche Aspekte, die eine Person selbst recht gut kennt, sind für andere nicht erkennbar bzw. werden nicht offengelegt. Allerdings kann dieser Bereich durch Selbstmitteilungen sichtbar werden.
- Der Bereich des Blinden Flecks – Weitere Aspekte der Person werden von anderen deutlich gesehen, während es der Person selbst an Einsicht hierüber fehlt. Hier kann ein Feedback helfen.
- Der Bereich des Unbekannten – Weder die Person selbst noch andere haben einen unmittelbaren Zugang zu diesem Bereich.

Grundsätzlich stehen Selbstmitteilung und Feedback in einem komplementären Wechselverhältnis, was innerhalb des Tutorentrainings immer wieder verdeutlicht wird.

Nach dieser theoretischen Einführung können in Kleingruppen mittels Moderationskarten fünf Regeln für den Feedback-Geber sowie fünf Regeln für den Feedback-Nehmer, erarbeitet werden, die auch im Rahmen des Tutorentrainings umgesetzt werden.

Zur Verdeutlichung werden diese Regeln, für die sich die Gruppe dann entschieden hat, in der Pause durch den Trainer als Handout aufbereitet und verteilt.

3. *Aufgaben eines Tutors*
In dieser Phase des Tutorentrainings setzen sich die Teilnehmenden aktiv mit ihrer zukünftigen Rolle als Tutor auseinander. Ziele sind die Reflexion und Verbesserung der Rollendistanz, Arbeitsmethodik, Kommunikationsfähigkeit und Präsentationstechniken. Anschließend können im Plenum Überlegungen angestellt werden, welche dieser Kompetenzen während des Trainings vertieft bzw. welche weiteren Kompetenzfelder – wie z. B. Teamentwicklung – bearbeitet werden sollen. Der Tutor hat dabei vor allem eine Unterstützungsfunktion mit Blick auf die Prozesse von Befähigung und Teilhabe im sozialen Interaktionsgeschehen.

4. *Rollendistanz*
Dabei soll dem zukünftigen Tutor seine ,doppelte' Rolle als Mitarbeiter/Kollege und ,dozierender/moderierender Tutor' bewusst werden. Es wird dafür sensibilisiert, wie unbewusste Vorstellungen über soziale Prozesse das zukünftige Tutorium beeinflussen können.

Hierfür reflektieren die Teilnehmer sowohl über Anforderungen an die Rolle eines Tutors als auch über Anforderungen an die Tutanden. Es wird schnell deutlich, dass hier unterschiedliche Rollenzuschreibungen und Erwartungen aufeinandertreffen, was den Stellenwert dieser Thematik und eine Diskussion mit den zukünftigen Teilnehmenden des Tutoriums nahelegt.

Zur weiteren Bearbeitung werden die Teilnehmenden eingeladen, durch aktivierende Methoden wie beispielsweise in einem Rollenspiel, eine erste Sitzung des Tutoriums zu üben, in der auch Regeln für die Durchführung des Tutoriums erarbeitet werden.

5. *Persönliche Arbeitsmethodik und Zielorientierung*
Ziel ist hier die Reflexion und Erweiterung der Arbeitstechniken der zukünftigen Tutoren. Dazu gehören unter anderem Themen wie Zeitmanagement, Lern- und Lesetechniken sowie der Umgang mit und die Reflexion von theoretischem Input.

Darüber hinaus wird der ‚persönliche Methodenkoffer‘[1] vorgestellt und auszugsweise erprobt. Dabei werden sowohl Methoden für verschiedene zeitliche Phasen des Tutoriums (wie Anfangs- und Kennenlernphase, Vermittlung von sachlichen Inhalten, Schluss- und Evaluationsphase) als auch für verschiedene inhaltliche Phasen (wie Öffnen für neue Themen, Bewertung von Themen und Umsetzung in die Praxis) aufgegriffen. Ein wichtiger Aspekt des Tutorentrainings ist die praktische Anwendung der vermittelten Methoden. Es geht darum, die Methoden aus der Perspektive der späteren Tutoren kennenzulernen und zu erproben. Dabei ist zu beachten, dass eine erfolgreiche Anwendung von Methoden nicht nur vom Know-how über die Methode und ihre Einsatzmöglichkeiten abhängt; auch die Anmoderation (mit einer Erklärung der Ziele dieser Methode) und ihr inhaltlicher Transfer sind wichtig.

Sämtliche im Tutorentraining vermittelten Methoden sollen zusammen mit Vorschlägen für die An- und Abmoderation und praktischen Beispielen in einem Methodenskript zusammengefasst und den Teilnehmenden bereits vor der Erprobung der Methoden zur Verfügung gestellt werden, damit sie eigene Notizen hinzufügen können.

6. *Kommunikation*

Im Anschluss steht das Thema Kommunikation sowie Gruppendynamik im Vordergrund. Ziel dieses Schwerpunktes ist es, dass die zukünftigen Tutoren für ihr eigenes Kommunikationsverhalten sensibilisiert werden und eine professionelle Kommunikation für das Tutorium entwickeln können. Viele Inhalte (wie z. B. das Kommunikationsmodell nach Schulz von Thun) werden bei den Teilnehmenden vorausgesetzt bzw. aufgefrischt. Hierzu werden praktische Übungen durchgeführt, um die Teilnehmenden eigene Kommunikationsmuster erleben zu lassen und ihnen alternative Möglichkeiten der Kommunikation aufzuzeigen.

7. *Inhaltliche Strukturierungsmöglichkeiten*

Ziel dieser Einheit ist die Auseinandersetzung mit unterschiedlichen Techniken der Visualisierung und der Präsentation von Inhalten. Dabei soll Bewusstsein dafür geschaffen werden, dass nicht nur der logisch stringente Aufbau der Inhalte

---

[1]Persönlicher Methodenkoffer bedeutet, dass jeder zukünftige Tutor Gelegenheit bekommt die Methode(n) auszuwählen, die er für sein Tutorium als effektiv erachtet und umsetzen möchte. Nicht jede Methode passt zu jedem ‚Trainer/Tutor‘ und ebenso wenig zu jedem Inhalt.

für ein Tutorium bedeutsam ist, sondern auch die Herstellung von Transparenz über diese Struktur. Daher werden auch Techniken der Visualisierung und der Präsentation gelernt, aktiv geübt und durch Feedback weiterentwickelt.

8. *Weitere thematische Schwerpunkte*
Eine Erweiterung bzw. Ergänzung durch andere, von den Teilnehmenden gewünschte Themen – wie Führung, Teamentwicklung oder Konfliktmanagement – ist nicht nur möglich, sondern sogar erwünscht, um optimal und bedarfsgerecht auf zukünftige Tutorien vorzubereiten. Gezielt werden dazu praxisnahe Übungen eingebunden, die den Teilnehmenden auch ein aktives Erproben und Üben der vermittelten Inhalte ermöglichen.

9. *Auswertung/Feedback*
Mit einer Blitzlicht-Runde als Feedback für die Trainer endet der erste Teil des Tutorentrainings. Hierbei können beispielsweise Feedback- bzw. Reflexionsfragen wie

• Was hat Ihnen an dem Tutorentraining in Bezug auf die Inhalte, Methoden und die Organisation bislang gut gefallen?
• Was wünschen Sie sich für den zweiten Teil des Tutorentrainings?

thematisiert werden. Die Trainer erhalten so die Gelegenheit, sich optimal auf den zweiten Teil des Trainings vorzubereiten und sich gezielt in spezielle Inhalte und Themenkomplexe einzuarbeiten.
Zusammenfassung des ersten Teils/Tages
Man kann die Situationen in einem Tutorium in drei Phasen aufteilen:

1. Anfangsphase
2. Durchführungsphase
3. Schlussphase

Die Anfangsphase bestimmt die Durchführungs- und Schlussphase. Bestandteil jeder Anfangssituation ist eine kurze Vorstellung der eigenen Person (nur bei unbekannten Teilnehmenden) und das Klären von Lernzielen und Inhalten des folgenden Trainings. Dieser Drei-Phasen-Zyklus findet sich nicht nur im gesamten Verlauf eines Tutoriums, sondern auch in jeder einzelnen Stunde. Die Anfangsphase im Tutorium wird durch weitere Methoden, wie ‚Kennenlernen-Übungen‘ und Formen der ‚Erwartungs-/Zielabfrage‘ vertieft.
Was an Methoden sinnvoll einsetzbar ist, hängt von folgenden vier Faktoren ab:

1. Dauer des Tutoriums
2. Gruppengröße und Raum
3. Feststehender vs. frei wählbarer Inhalt
4. Fachtutorium vs. Orientierungstutorium

zu 1) Wenn intensiv als Gruppe über einen längeren Zeitraum zusammengearbeitet wird, ist es gut, eine geeignete Arbeitsatmosphäre zu schaffen. Diese kann durch eine ‚Kennenlernmethode‘, eine Erwartungsabfrage und die Erhebung von Vorwissen aufgebaut werden.

zu 2) Die Art und Weise, wie z. B. ein Themeneinstieg umgesetzt wird, hängt von der Gruppengröße ab. Abhängig von Raum und Gruppengröße ist zu entscheiden, ob der Lernerfolg den Aufwand wert ist.

zu 3) Bis zu welchem Ausmaß ist der Inhalt des Tutoriums durch die Teilnehmenden bestimmbar? Bei einem mittleren bis hohen Grad an Mitbestimmung (Inhalt, Reihenfolge, Arbeitsweise) ist eine Erwartungsabfrage sinnvoll, da hierdurch besser auf die Bedürfnisse reagiert werden kann.

zu 4) Die Länge einer Anfangssituation hängt auch von der Form des Tutoriums ab. Grundsätzlich: Orientierungstutorien haben eine längere Anfangsphase, da sie stärker auf neue Kontakte unter den Teilnehmenden abzielen. Bei Fachtutorien liegt die Aufgabe verstärkt in der Vermittlung von fachlichem Wissen.

4.1.2 Ablauf des Tutorentrainings – Zweiter Teil/Tag

Der zweite Teil des Trainings dient einer kurzen Wiederholung des ersten Tages, der Erweiterung des persönlichen Methodenkoffers sowie der didaktischen Feinplanung der ersten Tutorien:

1. Persönliche Arbeitsmethodik II
2. Vorbereitung, Durchführung und Auswertung eines Tutoriums
3. Didaktischer Kreislauf
4. Auswertung und Feedback

1. *Persönliche Arbeitsmethodik II*
Für die weitere Erkundung geeigneter Methoden wird diese Sequenz genutzt. Dabei werden nachfolgende Leitfragen immer wieder erwähnt, um so das Bewusstsein für unterschiedliche Lernzugänge und -typen zu schärfen:

- Wie lerne ich am besten? (Selbsteinschätzung)
- Was motiviert mich?
- Über welche fachlichen Fertigkeiten verfüge ich bereits?
- Welche fachlichen Fertigkeiten muss ich mir noch aneignen?

Diese Fragen sind wichtig für den zukünftigen Tutor, gleichermaßen aber auch für die Teilnehmenden im zukünftigen Tutorium.

Als Ergänzung (abhängig von der zur Verfügung stehenden Zeit) bietet sich hier auch ein Rollenspiel für die Bewältigung ‚schwieriger Situationen' (wie den Umgang mit weniger motivierten oder mit störenden Teilnehmenden) an.

2. Tutorium – Vorbereiten, Durchführen, Auswerten
Der Nachmittag wird für die didaktische Feinplanung eines Tutoriums genutzt. Um eine Grundlage hierfür zu erhalten, können zunächst grundlegende Aspekte zu den Themen ‚Lernen', ‚Lehren' und ‚Didaktik' behandelt werden. Hierbei ist es wichtig, dass die Teilnehmenden immer wieder vom Trainer dazu angeleitet werden, aus der Perspektive ihrer zukünftigen Tutanden zu reflektieren, durch welche Aspekte sie selbst effektiv, zielorientiert und agil lernen. Es wird schnell deutlich, dass die wichtigen Lernparameter oft individuell unterschiedlich sind. Hierzu bedarf es einer subjektsensiblen und personalisierten Vermittlung von Inhalten, die aktiv den bereits erreichten Lernerfolg berücksichtigt. Es sind u. a. verschiedene Lernstile bzw. Lerntypen (wie der visuelle, auditive oder kinästhetische Lerntyp) bekannt. Diese Erkenntnis zusammen mit dem Einblick in die didaktischen Möglichkeiten, wie auf unterschiedliche Lernstile eingegangen werden kann, zeigt die Bedeutung einer didaktisch-methodisch vielseitigen Gestaltung des Tutoriums auf.

Damit wird deutlich, dass die zukünftigen Tutoren großen Wert darauflegen müssen, dass sie die Teilnehmenden in eine aktive, projektorientierte und klare Auseinandersetzung mit den zu vermittelnden Themen führen. Als ein didaktisches Leitprinzip kann gelten, dass eine Auseinandersetzung mit einem Thema über vier Bereiche wichtig ist:

- Die Inhalte werden in Form von Zahlen, Daten und Fakten präsentiert.
- Praktische Beispiele (best und worst practice) werden vorgeführt und erläutert.
- Die Vor- und Nachteile bzw. Nutzen und Grenzen von Methoden und Betrachtungsweisen werden aufgezeigt.
- Im Sinne eines Transfers werden die Konsequenzen für die Praxis abgeleitet.

Hierdurch kann ein umfassendes und aktivierendes Lernen im Kontext einer Arbeitswelt 4.0 stattfinden. Ziel ist es, ein grundlegendes Verständnis von Didaktik und hier insbesondere von didaktischer Planung und Gestaltung zu vermitteln.

Dazu wird das Modell nach Siebert (2006), der drei Dimensionen didaktischer Planung unterscheidet, herangezogen:

- Eine curriculare, vorbereitende Planung als Auswahl von Lernzielen, Inhalten, Materialien, Methoden angesichts der (meist vorgegebenen) Lernzeiten, Lernziele … und Adressaten
- Die Überlegung möglicher Alternativen und Varianten im Hinblick auf die Vorkenntnisse, Lernstile, Verwendungssituationen, Heterogenität und Größe der Teilnehmergruppe
- Eine mentale Einstellung der Lehrenden, auf Überraschungen, d. h. auf ungewöhnliche Deutungen, auf unerwartete Zwischenfragen, auf Teilnehmervorschläge, die dem eigenen Konzept widersprechen, zu achten (Vgl. Siebert 2006, S. 4).

Es wird deutlich, dass ein Tutor als Planer und Gestalter didaktischer Prozesse nicht allein für die inhaltliche und methodische Ausgestaltung des Tutoriums verantwortlich sein kann, sondern dass er (neben einer ‚flexiblen Anwendung' alternativer Themen) auch eine offene Einstellung dem Prozess gegenüber einnehmen muss, um auf Unwägbarkeiten eingehen zu können: Zum Beispiel kann es möglich sein, dass Teilnehmende eines Tutoriums das Thema, welches ein Tutor detailliert vorbereitet hat, bereits verstanden haben und dies im Tutorium äußern. Der Tutor sollte dann in der Lage sein, mit dieser für ihn überraschenden Wendung professionell umgehen zu können. Hierzu gehört sowohl die Komponente der Moderation, um die Vorkenntnisse der Teilnehmenden in Erfahrung bringen zu können, als auch die inhaltliche und methodische Befähigung, ein anderes Thema adäquat im Tutorium zu vermitteln. Dazu kommen etablierte Praxisbezüge, ebenso wie Erfahrungsinhalte der Teilnehmenden zur Anwendung.

Der letzte inhaltlich-thematische Schwerpunkt des Tutorentrainings dient der didaktischen Feinplanung. Die Teilnehmenden haben so die Gelegenheit, sich gezielt auf das erste Tutorium vorzubereiten und hierzu ein inhaltliches und methodisches Feedback zu erhalten.

3. Didaktischer Kreislauf

In der didaktischen Analyse geht es um, die inhaltlichen Ziele jedes Tutoriums genau zu klären: Was sollen die Teilnehmenden durch das Tutorium an Verständnis und Fähigkeiten erwerben? Unter diesen Gesichtspunkten sollen geeignete didaktische Methoden betrachtet werden. Nach einer möglichen Klärung von Voraussetzungen – wie Vorkenntnisse, Gruppengröße – kann ausgewählt werden, welche Methoden sich zur inhaltlichen Vermittlung anbieten. Im Tutorium soll reflektiert werden, ob die Ziele erreicht worden sind. Hierbei werden auch die Tutanden mit einbezogen, damit sichergestellt werden kann, dass sowohl der Tutor als auch die Tutanden übereinstimmend der Auffassung sind, dass die Lernziele erreicht wurden. In der letzten Sitzung des Tutoriums soll eine Abschlussreflexion durchgeführt werden, um einen kontinuierlichen Verbesserungsprozess für die Durchführung von Tutorien möglich zu machen.

Ein relevanter Aspekt des Tutorentrainings liegt darin, dass die Teilnehmenden ihre Konzepte in Kleingruppen erarbeiten können. Die Ergebnisse können bei weiteren Planungen berücksichtigt werden. Die Trainer wirken hierbei unterstützend und beratend. Sie können bei aufkommenden Fragen den Teilnehmenden zur Seite stehen. Im Anschluss stellen die Teilnehmer ihre Konzepte vor und erhalten sowohl von anderen Teilnehmern als auch von den Trainern ein Feedback mit möglichen Verbesserungsvorschlägen. Die aufkommenden Diskussionen und auch mögliche unterschiedliche Sichtweisen verschiedener Arbeitsbereiche, Abteilungen oder Generationen sind erwünscht und werden als Bereicherung der jeweiligen Perspektiven und Möglichkeiten verstanden.

Den Abschluss des Tutorentrainings bildet die Evaluation des Trainings. Ein unmittelbares Feedback kann beispielsweise über die Methode ‚Zielscheibe' eingefordert werden. Hierbei wird eine Zielscheibe in vier Bereiche unterteilt, z. B. in die Bereiche Trainer, Methoden, Inhalte, Organisation. Die Teilnehmenden können (z. B. mit Klebepunkten) markieren, wie sie diese Bereiche in der Umsetzung und hinsichtlich ihres Lernerfolges beurteilen: Sind sie mit der realisierten Qualität des Bereichs unzufrieden, können sie den Klebepunkt an den Rand der Zielscheibe und umgekehrt bei hoher Zufriedenheit in der Mitte der Zielscheibe platzieren. Ziel ist hierbei ein erstes Stimmungsbild in Bezug auf die vier Aspekte zu erhalten. Detaillierte Einschätzungen, Erläuterungen und Beurteilungen können bei Bedarf gesondert auf einem Evaluationsbogen (auch in digitaler Form) eingetragen und den Trainern zur Reflexion und möglichen Anpassung oder Verbesserung ihrer Leistung rückgemeldet werden. Damit wird eine kontinuierliche Qualitätssicherung gewährleistet.

4.1.3   Die Rolle des Trainers

Die Trainer sind inhaltliche und methodische Experten in den Bereichen Lernen, Lehren, Didaktik und Methoden, Kommunikation, Moderation, Gruppendynamik sowie in hierzu angrenzenden Themen wie beispielsweise Führung, Konfliktmanagement, Gesprächsführung und Präsentationstechniken. Weiterhin moderieren die Trainer auch das Gespräch über Interessen und Wünsche der Teilnehmenden, um eine angemessene Verteilung und Spezialisierung der Teilnehmerinteressen zu erreichen. Der bereits vorgestellte Definitionsvorschlag von Didaktik nach Siebert ist auch für die Trainer bedeutsam: Neben der inhaltlichen Planung ist auch die Einstellung auf unplanbare und überraschende Ereignisse eine wichtige Voraussetzung. Auch hier soll ein unmittelbarer Anschluss an die Erfahrungen der Teilnehmer hergestellt werden.

Bedeutsam für ein gelingendes Tutorentraining ist u. a. auch die Anwendung interaktiver Methoden zur Förderung der Gruppendynamik.

Eine weitere Kompetenz des Trainers wurde bereits angesprochen: Er muss das Konzept des Tutorentrainings als einen Rahmen verstehen, der erweiterbar ist und gleichzeitig auch unterschiedliche Spezialisierungen erlaubt und erfordert, die je nach Gruppe unterschiedlich ausfallen können. Der Trainer soll eine adäquate Balance zwischen konzeptionellen, inhaltlichen und methodischen Vorgaben einerseits, Spontanität und Anpassung an die Teilnehmerwünsche anderseits halten können. Hierbei wird eine hohe Handlungskompetenz – fachlich, sachlich, methodisch und sozial – vorausgesetzt.

4.2   Phase II: ,Leben als Tutor'

Das ,Leben als Tutor' findet im jeweiligen Unternehmens- und Arbeitskontext statt. Das Tutorium setzt sich in der Regel aus einer kleinen Gruppe von Teilnehmenden zusammen, sodass Tutoren auf Wissenslücken individuell eingehen können. Dabei setzt ein Tutor das ,Erlernte' aus strategiegeleiteten Personalentwicklungsmaßnahmen konkret um.

In Unternehmen mit mehr als sechs Tutoren kann ein ,Tutor-Manager' bestimmt werden. Dieser stellt sicher, dass

- die Zusammenarbeit zwischen Teilnehmenden und Tutoren funktioniert,
- alle Tutoren aufgaben- und zielorientiert handeln,
- die Tutorien auf die aktuellen Anliegen und Herausforderungen der Teilnehmenden abgestimmt sind,
- Führungskräfte entlastet werden, jedoch stets informiert bleiben,
- regelmäßig Netzwerktreffen abgehalten werden und
- Tutoren sich nicht um organisatorisch-administrative Angelegenheiten kümmern müssen.

Der ‚Tutor-Manager' organisiert und koordiniert die einzelnen Tutorien und kann sich mittels eines Feedbackbogens einen Überblick verschaffen. Dieser Feedbackbogen hat die Aufgabe, grundlegende Fragen zu klären:

- Was war das Ziel des Tutoriums?
- Was wurde im Tutorium gemacht?
- Wurden die Übungen komplett durchgeführt?
- Wurde das behandelte Thema verstanden?
- Wie sollte das Thema fortgeführt werden?
- Gibt es Gesprächsbedarf mit dem Tutor-Manager oder/und dem Ansprechpartner im Unternehmen?

In schwierigen Fällen bedarf es einer zeitnahen gemeinsamen Problemlösung. Unterstützend wirken hierbei die regelmäßig stattfindenden Netzwerktreffen, die unter Einbeziehung aller in dem jeweiligen Bereich Verantwortlichen stattfinden sollen. Ferner werden prozessbegleitend Supervisionsangebote für die Tutoren vorgehalten, um diesen während des gesamten Kurses professionelle Ansprechpartner zur Verfügung zu stellen.

4.3   Phase III: Reflexion und Zertifizierung

In Phase III führen die Tutoren mit den Trainern (und ggf. Tutanden, Führungskräften, Fachvorgesetzten) eine gemeinsame Rückschau durch. Gleichzeitig berichten die Tutoren über ihre Erfahrungen und diskutieren sie mit anderen Teilnehmenden. Eine wesentliche Erfahrung vieler Tutoren bei dem ersten Durchgang ist, dass Tutanden ‚Rechte und Pflichten' haben sollen. ‚AKTIV' ist das Schlagwort, das Tutorenprogramme prägen soll, indem es Teilnehmenden eine Möglichkeit bietet, fehlendes Wissen unter angepassten Bedingungen aufzubauen. Um diese Chance auch tatsächlich nutzen zu können, ist ein Mindestmaß an Selbstdisziplin der Teilnehmenden unerlässlich. AKTIV steht für:

- Aufmerksamkeit: Aufmerksames Zuhören, aktives Mitwirken und Konzentration
- Kreativität: Kreativität ist der Grundstein für ein erfolgreiche Tätigkeit und Innovationen
- Team: Teamarbeit erhöht die Motivation, sorgt für größeres Engagement, steigert die Leistungsfähigkeit, Lernerfolge sind in der Gruppe stärker sichtbar

		Wohlfühlzone	Lernzone	Risikozone
K	kommunikativ	☐	☐	☐
O	orientiert	☐	☐	☐
M	motiviert	☐	☐	☐
P	praktisch	☐	☐	☐
A	aktiv	☐	☐	☐
S	strukturiert	☐	☐	☐
S	selbstorganisiert	☐	☐	☐

Wohlfühlzone Ich fühle mich sicher und routiniert. Lernzone Schwächen nehme ich wahr und arbeite aktiv daran. Risikozone Häufige Überforderung, ich sehe akuten Handlungsbedarf.

Abb. 4.2 Kompetenz-Kompass. (Quelle: Eigene Darstellung 2018)

- Interesse: Grundsätzlich sollen die Teilnehmenden Interesse am Programm zeigen sowie interaktiv und unter Einbringung ihrer Ideen an der Wissens- und Erfahrungsweitergabe teilnehmen
- Verantwortung: Mit der Anmeldung zum Tutorium erklären sich die Teilnehmenden zur verbindlichen Teilnahme an den Einheiten bereit, (Eigen-)Verantwortung und Selbstorganisation sollen wesentliche Elemente für das Programm sein

Nach einer gemeinsamen Reflexion erhalten die Tutoren ihren individuell Kompetenz-Pass (Abb. 4.2).

Aufgrund des persönlichen Kompetenz-Passes werden durch individuelles Coaching Zukunftsvisionen und Verbesserungen erarbeitet. So bleibt dem Tutor am Ende neben den Erfahrungen als Tutor auch ein Zertifikat. Zum Abschluss des Kurses hat der Tutor im Rahmen einer inhaltlichen Evaluation der Lerninhalte zudem die Möglichkeit, an einer Feedback-Schleife teilzunehmen. Damit folgt der Kurs und dessen Planung den im Management etablierten Strategien von PDCA bzw. Demenzyklus.

Transfer und Nachhaltigkeit

Ein wichtiger Aspekt hinsichtlich der Nachhaltigkeit ist die Anleitung zur selbst-ständigen Reflexion: Die Tutoren sollen nach dem Tutorentraining in der Lage sein, ihre Tutorien eigenständig zu reflektieren, wobei ein Austausch hierüber bei Netzwerktreffen stattfinden kann. Als Hilfestellung wird den Tutoren ein Beispiel für ein Reflexionsmodell nahegelegt, das sich an Korthagen und Wubbels (2002, S. 49) orientiert. Anhand dieses Reflexionsmodells können Tutorien gezielt und nachhaltig reflektiert, weiterentwickelt und verbessert werden. Das Reflexions-modell umfasst insgesamt fünf Phasen: In Phase 1 erarbeiten die Tutoren – durch die Erstellung ihres didaktischen Konzepts – bestimmte Inhalte und Methoden für ihr Tutorium. Im Anschluss stellen sich die Fragen:

- Was sollte dabei erreicht werden?
- Worauf wollte der Tutor achten bzw. was sollte mit welchem Ziel ausprobiert werden?

Dies bezieht sich sowohl auf die Inhalte und Methoden als auch auf das gezeigte Ver-halten während des Tutoriums, z. B. während einer Präsentation, einer Erklärung, einer ,schwierigen Situation'. In der zweiten Phase sollen sich die Tutoren benannte Aspekte des Tutoriums vergegenwärtigen, und zwar so detailliert wie möglich. Hier kann es u. a. hilfreich sein zu hinterfragen, was der Tutor tun wollte (Phase 1) und was er tatsächlich getan hat. Durch diese Reflexion wesentlicher Aspekte (Phase 3) werden Diskrepanzen deutlich, die für eine eventuelle Weiterentwicklung bedeut-sam sind. Es gilt ggf. alternative Inhalte, Methoden oder Verhaltensweisen zu finden, die in einer ähnlichen Situation denkbar wären (Phase 4). Hierbei muss immer auch der jeweilige Kontext (etwa der organisatorische Rahmen) und die Voraussetzungen der Zielgruppe beachtet werden. Wichtig ist, dass der Tutor sich entscheidet, welche

© Springer Fachmedien Wiesbaden GmbH, ein Teil von Springer Nature 2019
K. Keller et al., *Wandel durch Partizipation*, essentials,
https://doi.org/10.1007/978-3-658-25496-4_5

Alternative er in einer ähnlichen Situation in der Zukunft wählen möchte – nur so ist eine Weiterentwicklung möglich. Diese Alternative gilt es dann zukünftig einzusetzen, zu erproben und erneut zu reflektieren. Im Sinne der Nachhaltigkeit und lebenslangen Lernens wird dadurch ein Rahmen für eine kurz-, mittel- und langfristige Reflexion – und damit auch eine Weiterentwicklung persönlicher und methodischer Kompetenzen – gesetzt.

Was Sie aus diesem *essential* mitnehmen können

- Praktische Umsetzungs- und Verstetigungsstrategien für einen zukünftigen Einsatz von Tutoren
- Überblick über aktuelle Themen und klassische Förderinstrumente im Bereich der Personalentwicklung
- Grundlagen und Bedeutung von Tutoren im Hochschulwesen
- Übertragungsmöglichkeiten und Potenziale von Tutorenkonzepten für Personalentwicklung
- Exemplarischer Aufbau und Ablauf eines Tutorenprogramms als wissenschaftlich-zertifizierte Qualifizierung von Tutoren

© Springer Fachmedien Wiesbaden GmbH, ein Teil von Springer Nature 2019
K. Keller et al., *Wandel durch Partizipation,* essentials,
https://doi.org/10.1007/978-3-658-25496-4

Literatur

Arnold R. (2010). Kompetenz. In: Arnold R., Nolda S., & Nuissl E. (Hrsg.), Wörterbuch Erwachsenenbildung. (Aufl. 2). Bad Heilbrunn: Klinkhardt. S. 172.

Bechmann R. (2013). Ideenmanagement und betriebliches Vorschlagswesen. Betriebs- und Dienstvereinbarungen. Analyse und Handlungsempfehlungen. Frankfurt a. M.: Bund-Verlag.

Beck U. (1986). Risikogesellschaft. Frankfurt a. M.

Becker M. (2013). Personalentwicklung. Bildung, Förderung und Organisationsentwicklung in Theorie und Praxis. (Aufl. 6). Stuttgart: Schäffer-Poeschel.

Becker M. (2016). Digitalisierung stellt HR vor neue Herausforderungen. Online. URL: https://www.haufe-akademie.de/blog/themen/personalmanagement/digitalisierung-stellt-hr-vor-neue-herausforderungen/ [Letzter Zugriff: 19.12.2018]

Becker M., & Kirchner M. (2013). Dynaxicurity: Dynamik – Komplexität – Unsicherheit. Halle-Wittenberg: Jurist. u. Wirtschaftswiss. Fakultät, Martin-Luther-Universität.

Böning U. (2005). Coaching: Der Siegeszug eines Personalentwicklungs-Instruments – Eine 15-Jahres-Bilanz. In: Rauen C. (Hrsg.), Handbuch Coaching. (Aufl. 3). Göttingen: Hogrefe. S. 21–36.

Bruch H., & Berenbold S. (2017). Zurück zum Kern. Sinnstiftende Führung in der Arbeitswelt 4.0. In: OrganisationsEntwicklung. 2017/1, S. 4–11.

Brunner F.J. (2017). Japanische Erfolgsrezepte. KAIZEN, KVP, Lean Production Management, Total Productive Maintenance, Shopfloor Management, Toyota Production System, GD^3 – Lean Development. (Aufl. 4). München: Verlag Carl Hanser.

Büchel B., & Probst G.J.B. (2000). From Organizational Learning to Knowledge Management. Online. URL: https://www.researchgate.net/publication/5063285_From_Organizational_Learning_to_Knowledge_Management [Letzter Zugriff: 21.3.18]

Daxner F., Gruber T., & Riesinger D. (2005). Wertorientierte Unternehmensführung – Das Konzept. In: Auinger F., Böhnisch W.R., & Stummer H. (Hrsg.), Unternehmensführung durch Werte: Konzept – Methoden – Anwendungen. Wiesbaden: Deutscher Universitätsverlag. S. 3–34.

DBCV (2004): Definition Coaching. Online. URL: http://www.dbvc.de/der-verband/ueber-uns/definition-coaching.html [Letzter Zugriff: 19.12.2018]

Dessoy V., & Lames G. (2012). „Siehe, ich mache alles neu" (Off 21,5). Innovation als strategische Herausforderung in Kirche und Gesellschaft. Trier: Paulinus Verlag.

© Springer Fachmedien Wiesbaden GmbH, ein Teil von Springer Nature 2019
K. Keller et al., *Wandel durch Partizipation*, essentials,
https://doi.org/10.1007/978-3-658-25496-4

Dewey J. (1960). On Experience, Nature, and Freedom. Representative Selections. Edited, with an introduction, by Richard J. Bernstein. Indianapolis, New York.

Dilger B. (2010). Diagnose von Kompetenzen – Ein Aufgabenfeld für Lehrkräfte?! Vortrag im Rahmen des 3. InLab-Forums. Online. URL: http://groups.uni-paderborn.de/cevet/cevetblog/wp-content/uploads/2010/02/dilger_ko_diagnose_080210_handout.pdf [Letzter Zugriff: 19.12.2018]

Doppler K., & Lauterberg C. (2014). Change Management. Den Unternehmenswandel gestalten. (Aufl. 13). Frankfurt a. M.: Campus Verlag.

Dörhöfer S. (2010). Management und Organisation von Wissensarbeit. Strategie, Arbeitssystem und organisationale Praktiken in wissensbasierten Unternehmen. Wiesbaden: Springer VS.

Frey C.B., & Osborne M.A. (2013). The Future of Employment: How Susceptible are Jobs to Computerization? Oxford: Oxford Martin School (OMS) working paper, University of Oxford.

Frey D. (2015). Ethische Grundlagen guter Führung. Warum gute Führung einfach und schwierig zugleich ist. München: RHI-Buch.

Frohwein T., Paust R., & Reisewitz P. (2017). Das Aschenputtel-Problem. Zur Bedeutung der Authentizität von Organisationen. In: OrganisationsEntwicklung. 2017/1, S. 41–47.

Geißler H. (2004). Coaching-Konzepte verstehen: Annäherung an einen Modebegriff. In: Personalführung. Jg. 01/2004. S. 18–24.

Glatz H., & Graf-Götz F. (2011). Handbuch Organisation gestalten. (Aufl. 2). Weinheim, Basel: Beltz.

Göhlich M., Weber S.M., & Schröer A. u. a. (2014). Forschungsmemorandum der Organisationspädagogik. Erziehungswissenschaft. Mitteilungen der DGfE. Jg. 25/2014. S. 94–105.

Görts W. (2011). Tutoreneinsatz und Tutorenausbildung. Studierende als Tutoren, Übungsleister, Mentoren, Trainer, Begleiter und Coaches – Analysen und Anleitung für die Praxis. Bielefeld: Webler Universitätsverlag.

Greif S. (2005a). Vorwort. Was ist Coaching? In: Rauen C. (Hrsg.), Handbuch Coaching. (Aufl. 3). Göttingen: Hogrefe. S. 11–18.

Greif S. (2005b). Mehrebenencoaching von Individuen, Gruppen und Organisationen – Eine umfassende und genaue Definition von Coaching als Förderung der Selbstreflexion. Online. URL: http://www.home.uni-osnabrueck.de/sgreif/downloads/Mehrebenencoaching.pdf [Letzter Zugriff: 19.12.18]

Gretsch S.M. (2015). Wissensmanagement im Arbeitskontext. Bedarfsanalyse. Implementation eines Expertenfindungstools und Analyse zum Help-Seeking-Prozess. Wiesbaden: Springer.

Hamel G. (2009). Mission: Management 2.0. In: Harvard Business Manager. 2009/4, S. 86–96.

Heitmann K. (2013). Wissensmanagement in der Schulentwicklung. Theoretische Analyse und empirische Exploration aus systemischer Sicht. Wiesbaden: Springer VS.

Hermann M.A., & Pifko C. (2009). Personalmanagement. Theorie und zahlreiche Beispiele aus der Praxis. (Aufl. 2). Zürich.

Hislop D. (2005). Knowledge management in organizations. A critical introduction. Oxford: University Press.

Hubner M. (2007). Coaching als Aufgabe der Erwachsenenbildung. Münster: LIT.

Jäger W., & Schimank U. (2005). Organisationsgesellschaft. Facetten und Perspektiven. Wiesbaden: Verlag für Sozialwissenschaften.

James W. (1977). Der Pragmatismus. Ein neuer Name für alte Denkmethoden. Hamburg.

Jung W. (1991). Coaching in Unternehmen – Beratung zwischen Therapie und Training. In: Papmehl A., & Walsh I. (Hrsg.), Personalentwicklung im Wandel. Wiesbaden: Gabler. S. 134–140.

Klostermann S. (1997). Management im kirchlichen Dienst. Über Sinn und Sorge kirchengemäßer Führungspraxis und Trägerschaft. Paderborn: Bonifatius.

Knauf H. (2005). Tutorenhandbuch. Einführung in die Tutorenarbeit. Bielefeld: Universitätsverlag Webler.

Korthagen F.A.J., & Wubbels T. (2002). Aus der Praxis lernen. In: Korthagen F., Kessels J., Koster B., Lagerwerf B., & Wubbels T. (Hrsg.), Schulwirklichkeit und Lehrerbildung. Reflexion der Lehrertätigkeit. Hamburg. S. 41–54.

Krabel S. (2016). Arbeitsmarkt und Digitalisierung – Wie man benötigte digitale Fähigkeiten am Arbeitsmarkt messen kann. In Wittpahl V. (Hrsg.), Digitalisierung. Bildung | Technik | Innovation. Berlin, Heidelberg: Springer Vieweg.

Kraus C., & Müller-Benedict V. (2007). Tutorium an der Hochschule. Ein Manual für Tutorinnen und Tutoren. Aachen: Shaker Verlag.

Krohn W. (1997). Rekursive Lernprozesse: Experimentelle Praktiken in der Gesellschaft. In: Rammert W., & Bechmann R. (Hrsg.), Technik und Gesellschaft. Jahrbuch 9: Innovation – Prozesse, Produkte, Politik. Frankfurt a. M.

Kröpke H. (2015). Tutoren erfolgreich im Einsatz. Ein praxisorientierter Leitfaden für Tutoren und Tutorentrainer. Stuttgart: UTB.

Kröpke H., & Szcyrba B. (2009). Wer stützt den Sherpa? Tutorenweiterbildung als Investition in die Qualität der Lehre. In Behrendt B., Voss HP., & Wildt J. (Hrsg.), Neues Handbuch Hochschullehre. Stuttgart: Raabe Verlag.

Lave J., & Wenger E.C. (1991). Situated learning. Legitimate peripheral participation. Cambridge: Cambridge University Press.

Looss W. (1991). Coaching für Manager – Problembewältigung unter vier Augen. Landsberg: moderne industrie.

Luft J. (1970). Einführung in die Gruppendynamik. Stuttgart.

Luhmann N. (1994). Soziale Systeme. (Aufl. 5). Frankfurt a. M.

Matheis I., & Worth MA. (2013). Über die Kunst Tutoren zu gewinnen – Überlegungen zur Entwicklung eines nachhaltigen Anreizsystems für Tutoren. In: Kröpke H., & Ladwig A. (Hrsg.), Tutorienarbeit im Diskurs. Qualifizierung für die Zukunft. Münster: LIT Verlag.

Mentzel W. (2008). Personalentwicklung. Erfolgreich motivieren, fördern und weiterbilden. (Aufl. 3). München: Beck.

Mertens D. (1974). Schlüsselqualifikationen. Thesen zur Schulung einer neuen Gesellschaft. In: Mitteilungen aus der Arbeitsmarkt- und Berufsforschung. Jg. 01/1974. S. 36–43.

Pätzold H. (2004). Lernberatung und Erwachsenenbildung. Baltmannsweiler: Schneider Hohengehren.

Pätzold H. (2009). Pädagogische Beratung und Lernberatung. In: PädForum: unterrichten – erziehen. Jg. 05/2009. S. 196–199.

Rauen C. (2001). Coaching. Innovative Konzepte im Vergleich. (Aufl. 2). Göttingen: Hogrefe.

Rauen C. (2005). Varianten des Coachings im Personalentwicklungsbereich. In: Rauen C. (Hrsg.), Handbuch Coaching. (Aufl. 3). Göttingen: Hogrefe. S. 111–132.

Reinhold G., Pollak G., & Heim H. (1999). Pädagogik-Lexikon. München und Wien: Oldenbourg.

Reinmann G. (2009). Studientext Wissensmanagement. Online. URL: http://gabi-reinmann. de/wp-content/uploads/2009/07/WM_Studientext09.pdf. [Letzter Zugriff: 21.3.18]

Reinmann G., & Mandl H. (2011). Wissensmanagement und Weiterbildung. In: Tippelt R., von Hippel A. (Hrsg.), Handbuch Erwachsenenbildung und Weiterbildung. (Aufl. 5). S. 1049–1066. Wiesbaden: Springer VS.

Reinmann-Rothmeier G., & Mandl H. (2000). Ein pädagogisch-psychologischer Ansatz zum Wissensmanagement. Ein Widerspruch in sich? In: Io management. 2000/11, S. 68–75.

Reinmann-Rothmeier G., Mandl H., Erlach C., & Neubauer A. (2001). Wissensmanagement lernen: Ein Leitfaden zur Gestaltung von Workshops und zum Selbstlernen. Weinheim/Basel: Beltz.

Rodenstock R. (2015). Vorwort. In: Frey D. (Hrsg.), Ethische Grundlagen guter Führung. Warum gute Führung einfach und schwierig zugleich ist. München: RHI-Buch.

Roehl H. (2002). Organisationen des Wissens: Anleitung zur Gestaltung. Stuttgart: Klett-Cotta.

Rückle H. (1992). Coaching. Düsseldorf: Econ.

Sandhu S. (2012). Public Relations und Legitimität. Der Beitrag des organisationalen Neo-Institutionalismus für die PR-Forschung. Wiesbaden: Verlag für Sozialwissenschaften.

Schat H-D. (2017). Erfolgreiches Ideenmanagement in der Praxis. Betriebliches Vorschlagswesen und Kontinuierlichen Verbesserungsprozess implementieren, reaktivieren und stetig optimieren. Wiesbaden: Springer VS.

Schiersmann C. (2007). Berufliche Weiterbildung. Wiesbaden: Springer VS.

Schreyögg A. (2003). Coaching. Eine Einführung für Praxis und Ausbildung. (Aufl. 6). Frankfurt: Campus Verlag.

Schreyögg G. (2003). Organisation. Grundlagen moderner Organisationsgestaltung. Mit Fallstudien. (Aufl. 4). Wiesbaden: Springer Gabler.

Schubert H-J. (2017). Innovationsmanagement. Studienbrief MGS 0710b. Management von Gesundheits- und Sozialeinrichtungen. Kaiserslautern.

Schumacher L. (2015). Innovationskultur als Treiber des Unternehmenserfolgs. In: Moos G., & Peters A. (Hrsg.), Innovationsmanagement in der Sozialwirtschaft. Baden-Baden: Nomos Verlagsgesellschaft. S. 35–58.

Senge P.M. (1990). The Fifth Discipline: The art and practice of the learning organization. New York: Doubleday/Currency.

Siebert H. (2006). Didaktisches Handeln in der Erwachsenenbildung. Didaktik aus konstruktivistischer Sicht. (Aufl. 5). Augsburg.

Steinmann H., & Schreyögg G. (2005). Management. Grundlagen der Unternehmensführung: Konzepte – Funktionen – Fallstudien. (Aufl. 6). Wiesbaden: Springer Gabler.

Tenorth H-E., & Tippelt R. (2007). Lexikon Pädagogik. Weinheim und Basel: Beltz.

Umbach S., Böving H., & Haberzeth E. (2018). Kompetenzverschiebungen und menschliche Handlungsqualitäten im Digitalisierungsprozess. In: Berufsbildung in Wissenschaft und Praxis BWP 1/2018, S. 16–19.

Weilbacher J.C. (2017). Human Collaboration Management. Personalmanager als Berater und Gestalter in einer vernetzten Arbeitswelt. Stuttgart: Schäffer-Poeschel.

Wenger E. (1998). Communities of practice. Learning, meaning, and identity. Cambridge: University Press.

Wichert J. (2018). Betriebliches Vorschlagwesen. Online. URL: https://wirtschaftslexikon. gabler.de/definition/betriebliches-vorschlagswesen-29121 [Letzter Zugriff: 19.12.2018]

Wildt J. (2013). Ein hochschuldidaktischer Blick auf die Tutorenqualifizierung. In Kröpke H., & Ladwig A. (Hrsg.), Tutorienarbeit im Diskurs. Qualifizierung für die Zukunft. Münster: LIT Verlag.

Willke H. (2001). Systemisches Wissensmanagement. (Aufl. 2). Stuttgart: Lucius & Lucius.

Winkler K., & Mandl H. (2003). Wissensmanagement in Communities: Communities als zentrales Szenario der Weiterbildungslandschaft im dritten Jahrtausend. Praxisbericht Nr. 27. München: Ludwig-Maximilians-Universität, Empirische Pädagogik und Pädagogische Psychologie.

Wittwer W. (2010). Betriebliche Bildung. In: Arnold R., Nolda S., & Nuissl E. (Hrsg.), Wörterbuch Erwachsenenbildung. (Aufl. 2). Bad Heilbrunn: Klinkhardt. S. 39.

Witzgall E. (2015). Kompetenzmanagement. Online. URL: https://www.perso-net.de/rkw/ Kompetenzmanagement [Letzter Zugriff: 19.12.2018]

Printed in the United States
By Bookmasters